Teacher's Book 教师用书

3rd Edition

Simplified Character Version 简体版

CHINESE Made Easy

轻松学汉语

Joint Publishing (H.K.) Co., Ltd.
三联书店（香港）有限公司

Chinese Made Easy *(Teacher's Book 1) (Simplified Character Version)*

Editor Guo Yang
Cover design Arthur Y. Wang, Zhong Wenjun, Wu Danna
Graphic design Wu Danna
Typeset Yang Lu

Published by
JOINT PUBLISHING (H.K.) CO., LTD.
20/F., North Point Industrial Building,
499 King's Road, North Point, Hong Kong

Distributed by
SUP PUBLISHING LOGISTICS (H.K.) LTD.
3/F., 36 Ting Lai Road, Tai Po, N.T., Hong Kong

First published August 2004
Second edition, first impression, March 2007
Third edition, first impression, March 2018
Third edition, second impression, August 2019

E-mail:publish@jointpublishing.com

轻松学汉语（教师用书一）（简体版）

责任编辑 郭 杨
封面设计 王 宇 钟文君 吴丹娜
版式设计 吴丹娜
排 版 杨 录
出 版 三联书店（香港）有限公司
香港北角英皇道 499 号北角工业大厦 20 楼
发 行 香港联合书刊物流有限公司
香港新界大埔汀丽路 36 号 3 字楼
印 刷 美雅印刷制本有限公司
香港九龙观塘荣业街 6 号 4 楼 A 室
版 次 2004 年 8 月香港第一版第一次印刷
2007 年 3 月香港第二版第一次印刷
2018 年 3 月香港第三版第一次印刷
2019 年 8 月香港第三版第二次印刷
规 格 大 16 开（210 × 280mm）184 面
国际书号 ISBN 978-962-04-4301-5

目 录

前　言

第一单元
第一课　十个十是一百……1
第二课　今天八号……12
第三课　现在八点……24

第二单元
第四课　我叫王月……36
第五课　我家有七口人……48
第六课　他长什么样……60

第三单元
第七课　我是中国人……72
第八课　我会说汉语……84
第九课　我爸爸是医生……96

第四单元
第十课　我坐校车上学……108
第十一课　我家住在大理路……120
第十二课　请进……132

第五单元
第十三课　我六点半起床……144
第十四课　我穿校服上学……156
第十五课　我的课外活动……168

前 言

关于教材

《轻松学汉语》系列（第三版）是一套专门为汉语作为外语 / 第二语言学习者编写的国际汉语教材，主要适合小学高年级学生、中学生使用，同时也适合大学生使用。

本套教材旨在帮助学生奠定扎实的汉语基础；培养学生在现实生活中运用准确、得体的语言，有逻辑、有条理地表达思想和观点。这个目标是通过语言、话题和文化的自然结合，从词汇、语法等汉语知识的学习及听、说、读、写四项语言交际技能的训练两个方面来达到的。

本套教材遵循汉语的内在规律。其教学体系的设计是开放式的，教师可以采用多种教学方法，包括交际法和任务教学法。

本套教材共七册，分为两个阶段：第一册至第四册是第一阶段，第五册至第七册是第二阶段。第一册至第四册课本和练习册是分开的，而第五册至第七册课本和练习册合并为一本。

关于教师用书

为了帮助教师轻松有效地备课，指导课本教学，我们编写了《轻松学汉语教师用书》。

本《教师用书》的主要内容包括：

- 教学目标　列出了每课的教学目标，方便教师把握学完一课学生要掌握哪些内容。
- 教学重点　列出了每课的生词重点、短语重点、语法重点和交际重点。
- 教学提示　对主要的语法点进行讲解，给出语法点结构、示例和注意事项，帮助教师把握语法内容。
- 教学流程　提供了课本内容教学顺序的先后建议，教师也可以根据实际教学需求灵活调整教学顺序。
- 教学建议　提供了生词、课文和练习的详细教学建议，操作性强，教师可以参考建议中的方法开展教学。
- 补充练习　教师可以根据学生的实际水平决定是否进行扩展练习。
- 参考答案　为有固定答案的习题及部分开放式习题提供参考答案，方便教师使用。

我们建议教师从实际情况和教学经验出发进行教学，不必拘泥于本书提供的内容。

关于配套资源

除了教师用书以外，本套教材还包括练习册、词卡、图卡、单元测试卷、答案、录音等配套资源。其中，单元测试卷、答案、录音可以在官网上下载：http://www.chinesemadeeasy.com/download/CME。

第一课 十个十是一百

教学目标

1. 掌握汉语中数字的读法、写法和使用方法。
2. 认识汉语拼音中的声母、韵母和声调，能进行简单的音节拼读。
3. 掌握汉语中“一”的变调和三声变调。
4. 了解汉字的基本笔画、基本结构和汉字书写的基本步骤。
5. 初步认识汉语的基本语序。

教学重点

1. 生词重点：个、是、的
2. 语言点重点：量词“个”；“一”的变调、三声变调
3. 交际重点：学会数字表达；介绍班级里的朋友。

教学提示

1. 量词“个”

最常用的量词之一。汉语中表达事物数量时，先说数字，再说量词。

结构：数词 + 个 + 名词

示例：一个朋友
三个孩子

2. 汉语的基本语序

结构：主语 + 谓语 + 宾语

示例：我喜欢夏天。
他去上海了。

3. “是”字句

结构：主语 + 是 + 宾语

示例： 我是学生。

明天是星期天。

4. **“一”的变调**

规则： 单独出现时读一声，即“一”读作“yī”。

后面的字是一、二、三声字时，“一”读四声。即一(yī) + ˉ / ˊ / ˇ → 一(yì)。如一千(yì qiān)、一年(yì nián)。

后面的字是四声时，“一”读二声。即一(yī) + ˋ → 一(yí)。如一万(yí wàn)。

5. **三声变调**

规则： 两个三声音节连在一起时，前面的三声音节读成二声，即 ˇ + ˇ → ˊ + ˇ 。

三声音节和一、二、四声音节连在一起时，前面的三声音节读成半上声，即

ˇ + ˉ / ˊ / ˋ → ˇ (21) + ˉ / ˊ / ˋ 。

注意： 书写时，变调后调号仍标三声。

教学流程

1. 问好，热身，准备进入正式教学。
2. 课文 1 导入时可先复习数字，然后进行课文教学。
3. 练习依次进行，也可根据需要适当调整顺序。如完成第 3 题后进行第 5 题，将笔画讲解和练习的部分一起进行。
4. 完成本课学习后，复习所学的数字、拼音。

第一课　十个十是一百

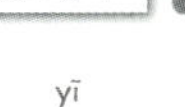
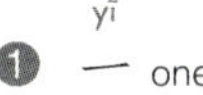

生词 1

1. yī 一 one　2. èr 二 two　3. sān 三 three
4. sì 四 four　5. wǔ 五 five　6. liù 六 six
7. qī 七 seven　8. bā 八 eight　9. jiǔ 九 nine
10. shí 十 ten　11. bǎi 百 hundred　yì bǎi 一百 a hundred
12. qiān 千 thousand　yì qiān 一千 a thousand
13. wàn 万（萬）ten thousand　yí wàn 一万 ten thousand　14. shì 是 be
15. gè 个（個）a measure word (used for a noun which does not have a particular measure word)

shí ge shí shì yì bǎi
十个十是一百。

Grammar: a) The measure word "个" is put after a numeral.
b) Sentence Pattern: Subject + Verb + Object

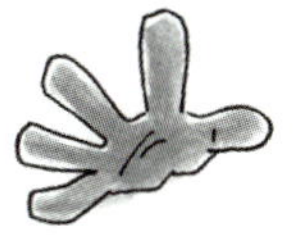

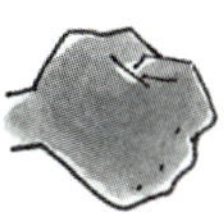

1 学声调

Tone changes of "一"

original	changes	examples
yī 一 + "－" ➡	yì 一	yì qiān 一千
yī 一 + "／" ➡	yì 一	yì nián 一年
yī 一 + "∨" ➡	yì 一	yì bǎi 一百
yī 一 + "＼" ➡	yí 一	yí wàn 一万

When read alone, or in counting, or calling out numbers, "一" is pronounced as "yī".

生词教学

- 一到十：辅以手势分组教学。先讲"一""二""三"，边读边在空气中写。讲完数字后，随即利用不同数量的书、笔等实物道具，让学生快速说出数字。
- 个：老师可以拿出不同数量的铅笔，学生先说出数字，再说数量词。
- 百、千、万：老师先说"十个十"，引导学生说出"一百"，依次类推。
- 可以利用录音、PPT 和生词卡片练习生词。

教学建议

- 先讲解变调规则，再结合刚学过的生词"个、百、千、万"展开练习。

第 1 题　补充练习

yì nián 一年　yì zhāng 一张
yí xià 一下　yì tiáo 一条

教学建议

- 课文着重培养学生的口语交际能力。
- 老师可以先以句子为单位领读课文，学生跟读。
- 鼓励学生复述课文。可以先一起复述，再个别复述。

教学建议

- 听"一起读"的录音，根据学生水平听写十以下的数字。
- 可以先带领学生认读十到二十之间的数字，然后依次往下推。
- 学生熟练之后，可以分小组抢答老师展示的数字，答得又快又准的小组获胜。

课文 1

yī èr sān sì wǔ
一二三四五，
liù qī bā jiǔ shí
六七八九十。
shí ge shí shì yì bǎi
十个十是一百。
shí ge yì bǎi shì yì qiān
十个一百是一千。
shí ge yì qiān shì yí wàn
十个一千是一万。

2 读数字

例子：19 十九 (shí jiǔ)

1) 36 三十六	7) 11 十一
2) 45 四十五	8) 54 五十四
3) 24 二十四	9) 90 九十
4) 78 七十八	10) 66 六十六
5) 91 九十一	11) 17 十七
6) 62 六十二	12) 85 八十五

这样读数字：
a) 11 = 十一
b) 25 = 二十五

一起读！

yī èr sān sān èr yī
一二三，三二一，
yī èr sān sì wǔ liù qī
一二三四五六七。
sì wǔ liù wǔ liù qī
四五六，五六七，
qī liù wǔ sì sān èr yī
七六五四三二一。

3 学写汉字

A

① 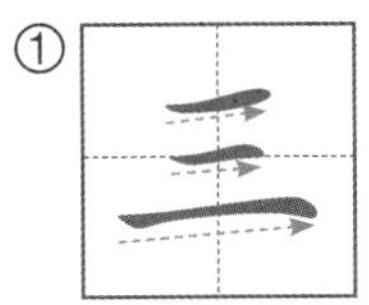
héng

② 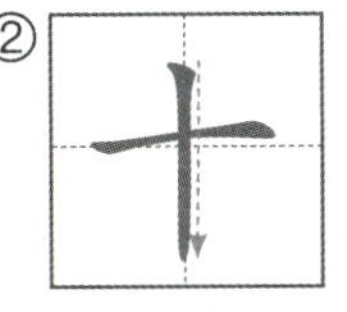
shù

③ 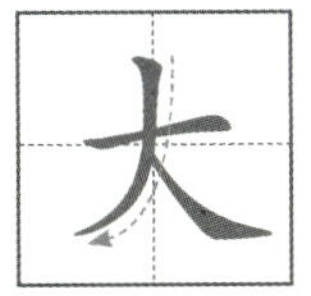
piě

④ 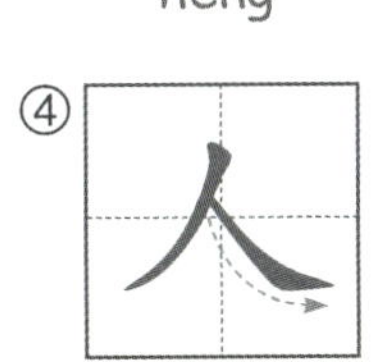
nà

⑤ 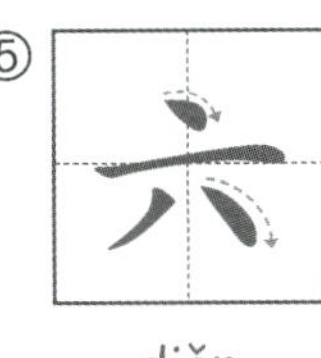
diǎn

⑥ 
tí

笔画的书写规则：
The strokes of Chinese characters should be written from left to right and from top to bottom.

B

① 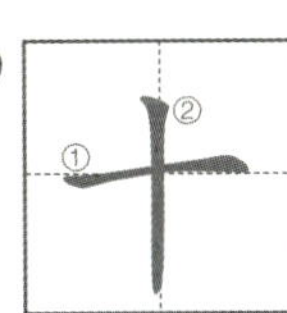
First write the horizontal strokes, then the vertical ones.

② 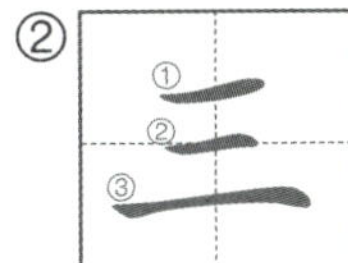
Write the strokes from top to bottom.

③ 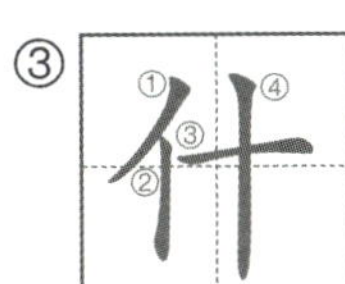
First write the strokes on the left and then those on the right.

④ 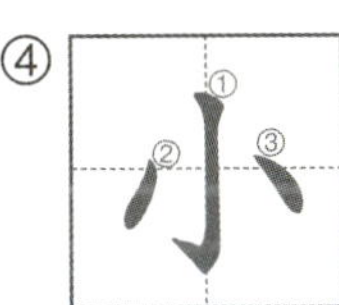
First write the strokes in the middle and then those on both sides.

⑤ 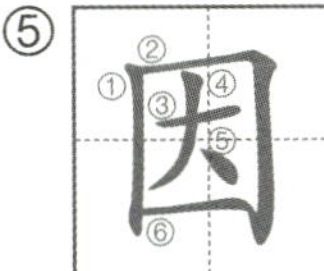
Write the strokes from outside to inside before completing the character.

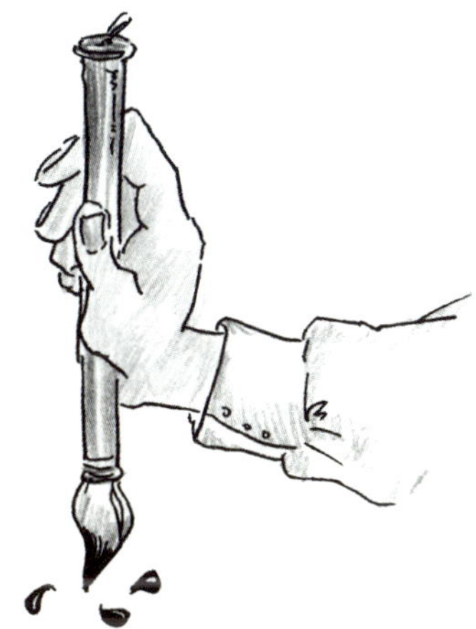

3

教学建议

- 分别展示横、竖、撇、捺、点、提。带领学生写这些笔画。
- 展示例字，学习书写规则：从左到右，从上到下。注音尽量使用学过的生字。
- 展示B组字的笔顺时，带着学生一起写。

教学建议

- 认读百以上的数字前，先复习认读百以内的数字。再由 100 引出百以上数字。
- 注意“0”和“2”的读法。

4 读数字

例子：

316 三百一十六（sān bǎi yī shí liù）　　208 两百零八（liǎng bǎi líng bā）

1) 48 四十八	7) 4192 四千一百九十二
2) 106 一百零六	8) 863 八百六十三
3) 971 九百七十一	9) 2001 两千零一
4) 350 三百五十	10) 9456 九千四百五十六
5) 2062 两千零六十二	11) 718 七百一十八
6) 1105 一千一百零五	12) 10000 一万

这样读数字：

a) Zero is pronounced as “零（líng）”.

b) 105 is pronounced as “一百零五（yī bǎi líng wǔ）”.

c) Before “百”, “千”, “万”, two is pronounced as “两（liǎng）”.

d) 117 is pronounced as “一百一十七”.

教学建议

- 带领学生一起写 3-4 个字，一起数笔画，注意笔顺。
- 余下的让学生自己或分组数。

5 数笔画，并用中文写出答案

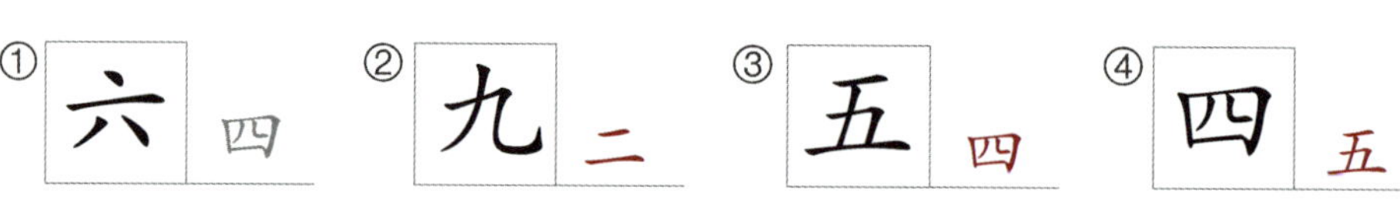

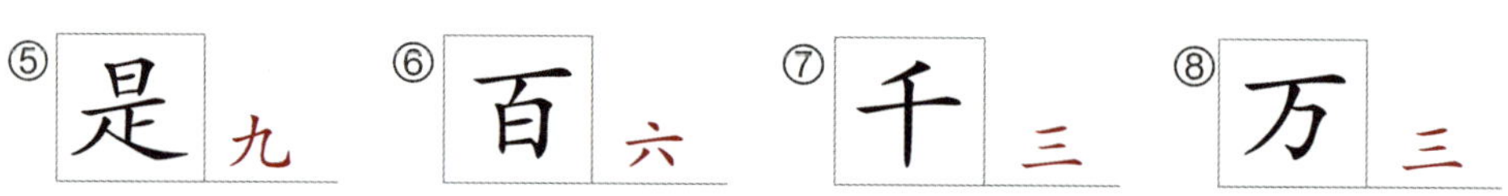

生词 2

1. nǐ 你 you
2. wǒ 我 I; me
3. de 的 's; of
4. péng 朋 friend
5. yǒu 友 friend　péngyou 朋友 friend
6. hǎo 好 good　nǐ shì wǒ de hǎo péngyou 你是我的好朋友。

课文 2

yī èr sān, sān èr yī,
一二三，三二一，

yī èr sān sì wǔ liù qī.
一二三四五六七。

bā jiǔ shí, shí bā jiǔ,
八九十，十八九，

nǐ shì wǒ de hǎo péngyou.
你是我的好朋友。

生词教学

- **你、我**：用手势辅助讲解，可以练习“你 / 我是 XXX（名字）”。
- **的**：表示领属。可以利用道具引导学生说“你的”“我的”，也可以结合学生的名字说“XX 的”。
- 可以利用录音、PPT 和生词卡片练习生词。

教学建议

- 课文着重培养学生的口语交际能力。
- 讲课文之前，先随着手势一起说数字。再分小组正序、倒序数数。注意配合手势。
- 领读课文，边读边做动作（包括“你是我的好朋友”）。
- 学生齐读，再单个读，老师注意纠音。

教学建议

- 在 PPT 上展示声母、韵母，先领读三遍，再让学生单独读。
- 练习时，老师可以随机说声母或韵母，让学生快速指出；也可以老师指，学生读。
- 注意纠音。

教学建议

- 以 a 为例，展示四个声调读法、写法。
- 介绍三声的变调规则，举例练习。

第 7 题　补充练习

shuǐguǒ 水果　liǎojiě 了解

lǐngdǎo 领导　xiǎngqǐ 想起

教学建议

- 先进行 A、B 两组练习，注意纠音。
- 介绍轻声，进行 C 组练习。

第 8 题　补充练习

píng zi　bēi zi　zěn me

duō me　ěr duo　gē bo

6 学拼音 6

A

a　o　e

i　u　ü　er

B

b　p　m　f　d　t　n　l

g　k　h　j　q　x

zh　ch　sh　r　z　c　s

7 学声调

A

— 1st tone　／ 2nd tone　∨ 3rd tone　＼ 4th tone

B

Changes of the 3rd tone

original	changes	examples
"∨" + "∨"	➡ "／" + "∨"	nǐ xiě 你写
"∨" + "—"	➡ "∨" + "—"	nǐ shuō 你说
"∨" + "／"	➡ "∨" + "／"	nǐ dú 你读
"∨" + "＼"	➡ "∨" + "＼"	nǐ qù 你去

8 读一读

A

1) ā　á　ǎ　à　　2) ō　ó　ǒ　ò　　3) ē　é　ě　è

4) ī　í　ǐ　ì　　5) ū　ú　ǔ　ù　　6) ǖ　ǘ　ǚ　ǜ

B

1) duǎn kù　2) kě yǐ　3) měi tiān

4) fǎ guó　5) zǐ sè　6) shuǐ guǒ

C

1) bà ba　2) mā ma　3) jiě jie

4) gē ge　5) dì di　6) mèi mei

汉语的轻声：

The neutral tone is an unstressed syllable which does not carry any tone mark.

6

9 活动

这样做
- 三人一组。
- 在规定的时间里找到并写出答案。
- 写对最多的组胜出。

1) Number of days in February: 二十八

2) Number of weeks in a year: 五十二

3) Number of days in a year: 三百六十五

4) Number of grams in a kilogram: 一千

5) Number of miles in the marathon: 二十六

6) Number of students in your Chinese class:

7) Number of students in your school:

8) Number of teachers in your school:

教学建议

- 对于学生不熟悉的内容，如学校学生、老师的数量，老师可以给出提示。

教学建议

- 听 2-3 遍录音作答。
- 对答案后，再听一遍，引导学生听一句复述一句。

教学建议

- 练习前先领学生复习六个基本笔画：横、竖、点、撇、捺、提。

10 听录音，选择正确答案 7

① (a) 十二 b) 二十 c) 二十二

② a) 十四 b) 四十四 (c) 四十

③ a) 九十八 (b) 八十九 c) 一百九十

④ (a) 一百一十五 b) 一百五十 c) 五百一十

⑤ a) 三百九十六 (b) 六百三十九 c) 九百三十六

⑥ a) 一千三百五十 b) 三千五百一十 (c) 五千一百三十

11 写出笔画的名称

① 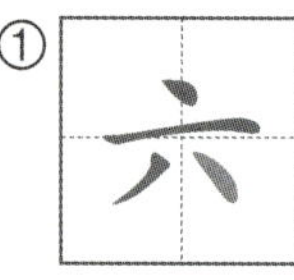 diǎn
② 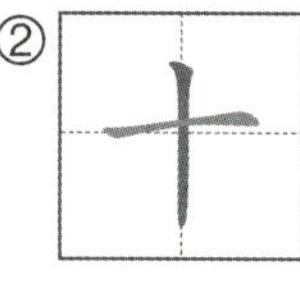 héng
③ 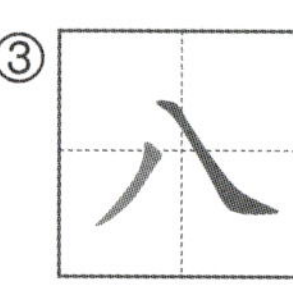 piě
④ 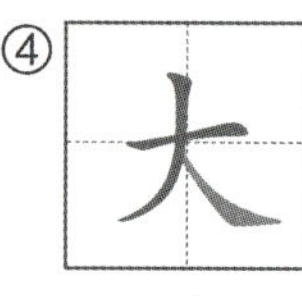 nà
⑤ 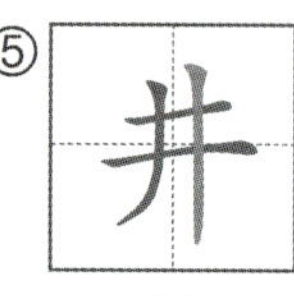 shù
⑥ 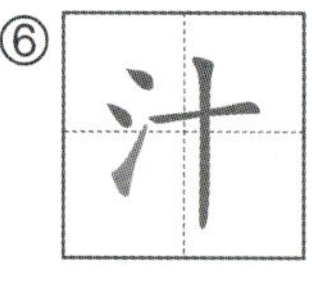 tí
⑦ 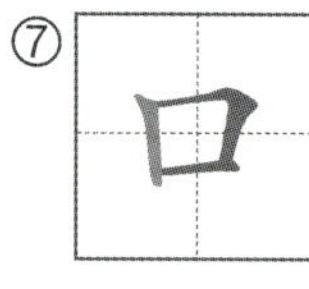 shù
⑧ 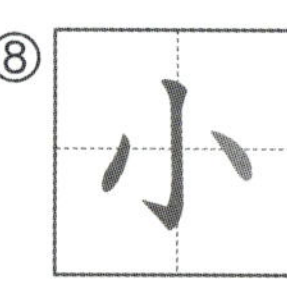 diǎn
⑨ 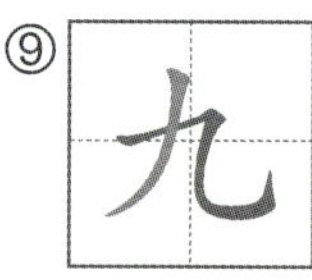 piě
⑩ 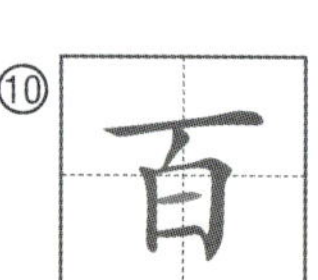 héng
⑪ 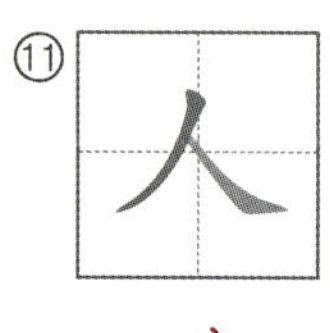 nà
⑫ 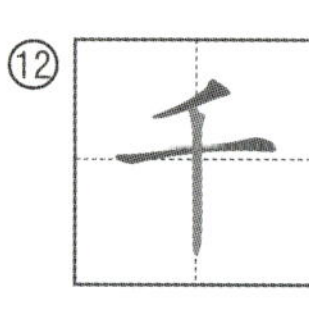 shù
⑬ 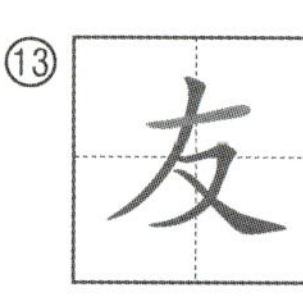 héng
⑭ 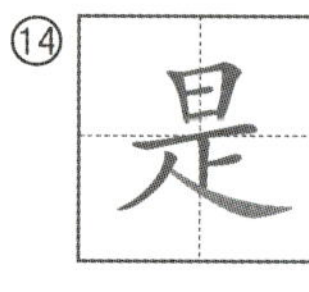 nà
⑮ 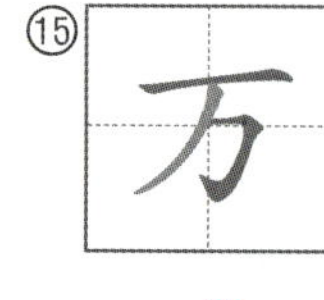 piě

12 学汉字的结构

1) 好 →
2) 是 →
3) 回 →
4) 名 →
5) 问 →
6) 您 →
7) 鼻 →
8) 谢 →
9) 起 →

教学建议

- 展示汉字，让学生说说汉字由几部分组成。

13 读一读

A

a	o	e	
i	u	ü	er

B

b	p	m	f
d	t	n	l
g	k	h	
j	q	x	
zh	ch	sh	r
z	c	s	

C

bà ba	mā ma
gē ge	dì di
yé ye	pó po
wǔ shù	dú zǐ
lǎo shī	nǐ hǎo
gē da	gé lí
jī chì	jū zhù
sī jī	zǐ sè
xì jù	dǎ zhé

教学建议

- 先练习读韵母和声母，再练习拼读音节。
- 老师可以适当讲解一些词语的意义，如“爸爸”“妈妈”“老师”“你好”等等。

第二课 今天八号

教学目标

1. 学习日期表达（年、月、日、星期）；学习出生日期的表达以及生日祝福语。
2. 认识汉语拼音中的复韵母。
3. 掌握汉语拼音的标调方法；正确认读、拼写汉语拼音，掌握正确的书写规则。
4. 进一步了解汉字的基本笔画。

教学重点

1. 生词重点：年、月、日、几
2. 语言点重点：日期的表达、汉语拼音声调标调、汉语拼音书写规则
3. 交际重点：表达日期、祝贺生日。

教学提示

1. 日期表达法

年份的表示方法是在数字后加上“年”，如“2008 年”读作“二零零八年”，“2017 年”读作“二零一七年”。

月份的表示方法是在数字 1~12 后加上“月”，如“一月”“十月”“十二月”。

日的表示方法是在数字 1~31 后加上“日”或“号”，如“五号”“二十二号”“十八日”。“号”常用于口语。

星期的表示方法是在“星期”后加上数字 1~6，第七天是“星期天”“星期日”，如“星期一、星期二……星期日 / 星期天”。

注意：汉语中时间表达的顺序是由大到小，即“……年……月……日 / 号，星期……”。

2. 汉语拼音标调方法

声调符号标在音节的主要元音（即韵母的韵腹）上。通俗来说，音节中出现两个元音时，按照 a、o、e、i、u 的顺序将声调符号标在顺序靠前的元音上。如“xiān”“bié”。当 i 和 u 共同出现在一个音节中时，声调应标在音节中后一个元音上，如“liú”“huì”。

3. 汉语拼音书写规则

当"ü"和"j""q""x"相拼时,"ü"写作"u",如"jū""xù"。

教学流程

1. 开始新课前先复习第一课所学的数字,导入本课生词。可以适当调整教学顺序,先进行"日""号""月"几个生词的教学。
2. 学完课文 2 后,练习第 9 题、第 10 题和第 12 题,巩固生词和句型。
3. 第 7 题、第 8 题和第 11 题可以依次练习。
4. 第 6 题可作为作业让学生独立完成。

第二课 今天八号

生词教学

- 适当调整生词顺序，可先教“日、号、月”。进入生词教学前，先复习数字，然后利用日历或 PPT 引导学生说“X 日”“X 月”等。
- 几：利用日历或 PPT 问学生“几月几日”“几月几号”；老师问完后可让学生互问互答。
- 星期、星期 X：可利用日历或 PPT，让学生多说多练。注意“星期天”的不同表达方式。
- 今天、昨天、明天：老师结合日历讲解后提问，让学生回答出完整句子“今天是 X 月 X 日，星期 X”。
- 生日：逐个问学生“你的生日是几月几号？”，还可转问“XX 的生日是几月几号？”。
- 可以利用录音、PPT 和生词卡片练习生词。

生词 1 8

1. 生 (shēng) be born
2. 日 (rì) day　生日 (shēng rì) birthday　八日 (bā rì) the 8th day of a month
3. 号(號) (hào) date of a month　八号 (bā hào) = 八日 (bā rì)
4. 月 (yuè) month　九月 (jiǔ yuè) September　九月三号 (jiǔ yuè sān hào) 3rd September　我的生日是九月三号。(wǒ de shēng rì shì jiǔ yuè sān hào)
5. 几(幾) (jǐ) how many　你的生日是几月几号？(nǐ de shēng rì shì jǐ yuè jǐ hào)
6. 星 (xīng) star
7. 期 (qī) a period of time　星期 (xīng qī) week　星期日 (xīng qī rì) Sunday
8. 天 (tiān) day　星期天 (xīng qī tiān) = 星期日 (xīng qī rì)
9. 今 (jīn) today　今天 (jīn tiān) today　今天几号？(jīn tiān jǐ hào) 今天八号。(jīn tiān bā hào)

Grammar: When a sentence only contains a subject and a time word (year, date, day of the week, specific time, age, etc.), “是” is not needed.

10. 昨 (zuó) yesterday　昨天 (zuó tiān) yesterday　昨天星期几？(zuó tiān xīng qī jǐ) 昨天星期天。(zuó tiān xīng qī tiān)
11. 明 (míng) next　明天 (míngtiān) tomorrow　明天几号？(míngtiān jǐ hào) 明天二十号。(míngtiān èr shí hào)

1 读一读，记住怎么说

A

xīng qī yī 星期一 | xīng qī èr 星期二 | xīng qī sān 星期三

xīng qī sì 星期四 | xīng qī wǔ 星期五

xīng qī liù 星期六 | xīng qī rì 星期日 | xīng qī tiān 星期天

B

yī yuè 一月 | èr yuè 二月 | sān yuè 三月

sì yuè 四月 | wǔ yuè 五月 | liù yuè 六月

qī yuè 七月 | bā yuè 八月 | jiǔ yuè 九月

shí yuè 十月 | shí yī yuè 十一月 | shí èr yuè 十二月

一起读！

jīn tiān jǐ hào　jīn tiān qī hào
今天几号？今天七号。

míng tiān jǐ hào　míng tiān bā hào
明天几号？明天八号。

qī hào　bā hào　bā hào　qī hào
七号、八号，八号、七号。

教学建议

- 带领学生按顺序说“星期”和“月”。
- 练习“一起读”时，先让学生听录音复述，然后仿照该对话根据实际日期改编。

教学建议

- 课文着重培养学生的口语交际能力。
- 老师先领读，然后将学生分组，一问一答。
- 脱离课本，鼓励学生根据图片提示复述课文。

课文 1 10

❶ A: 今天几号？(jīn tiān jǐ hào)

B: 今天八号。(jīn tiān bā hào)

❷ A: 昨天星期几？(zuó tiān xīng qī jǐ)

B: 昨天星期天。(zuó tiān xīng qī tiān)

❸ A: 明天几号？(míng tiān jǐ hào)

B: 明天二十号。(míng tiān èr shí hào)

❹ A: 你的生日是几月几号？(nǐ de shēng rì shì jǐ yuè jǐ hào)

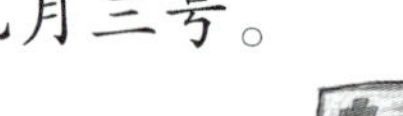

B: 九月三号。(jiǔ yuè sān hào)

教学建议

- 老师可以先领学生完成第一幅图，让学生熟悉要说哪些内容。注意每幅图由两张小图组成。
- 学生两人一组练习。

2 模仿例子，编对话

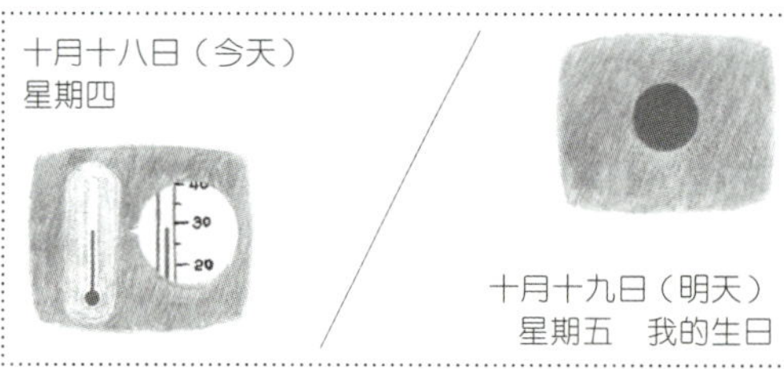

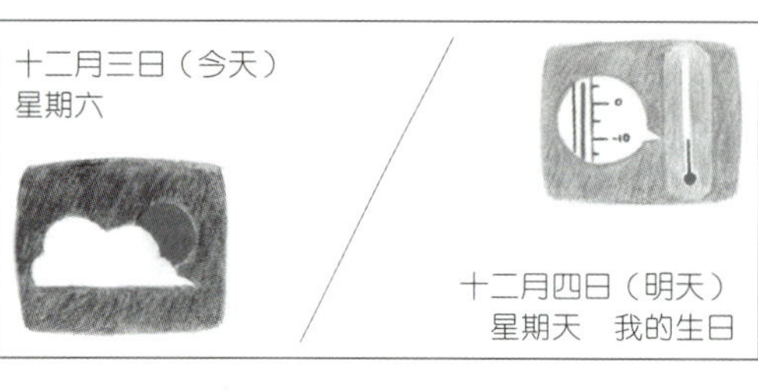

例子：

A: 今天几号？(jīn tiān jǐ hào)

B: 十八号。(shí bā hào)

A: 明天星期几？(míng tiān xīng qī jǐ)

B: 星期五。(xīng qī wǔ)

A: 你的生日是几月几号？(nǐ de shēng rì shì jǐ yuè jǐ hào)

B: 十月十九号。(shí yuè shí jiǔ hào)

3 说日期 见参考答案

二〇一六年						十一月
星期一	星期二	星期三	星期四	星期五	星期六	星期日
	1	②→①	3	4	5	⑥→⑤
7	8	9	⑩→②	11	12	13
⑭→例子	15	16	17	18	⑲→④	20
21	22	23	24	㉕→③	26	27
28	29	30				

①　②　③　④　⑤

例子：

shí yī yuè shí sì hào　xīng qī yī
十一月十四号　星期一

4 学笔画

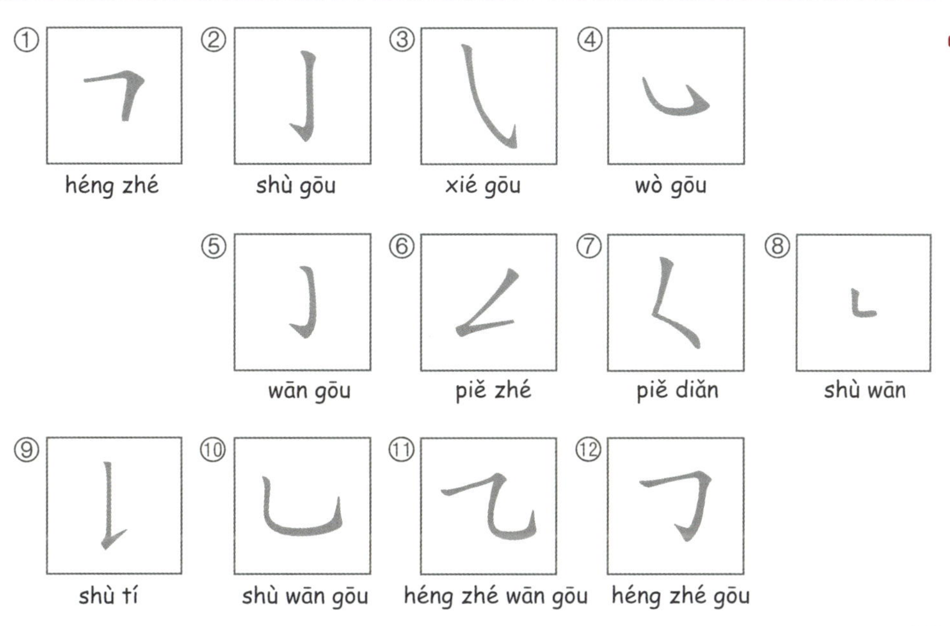

13

教学建议

- 在 PPT 上展示日历，圈出 14 号作为示例。
- 按照顺序，逐个圈出日期，学生来回答。
- 建议每个问题先找一个同学回答，然后再一起回答。

教学建议

- 先复习六个基本笔画：横、竖、点、撇、捺、提。
- 讲解笔画时给出例字。

第 4 题　补充练习

说出以下汉字的笔画：几、号、月、女、九、以、力

第 3 题　参考答案

1. 十一月二号　星期三
2. 十一月十号　星期四
3. 十一月二十五号　星期五
4. 十一月十九号　星期六
5. 十一月六号　星期日

生词教学

- 注意年份的读法。
- **出生**：给出句型“我……年出生”，让学生进行练习。
- 练习“祝你生日快乐”时，可以先看看班里当天是否有人过生日；也可以事先准备一些人物的图片，告诉学生今天是他的生日，带学生练习句型。

生词 2 11

1. 年 (nián) year
2. 出 (chū) go or come out　出生 (chū shēng) be born

   我二〇〇一年出生。(wǒ èr líng líng yī nián chū shēng)

   ▲ Grammar: **Sentence Pattern: Subject + Time Word + Verb**
3. 谢（謝）(xiè) thank　谢谢 (xiè xie) thanks
4. 祝 (zhù) wish
5. 快 (kuài) happy
6. 乐（樂）(lè) happy　快乐 (kuài lè) happy　祝你生日快乐！(zhù nǐ shēng rì kuài lè)

14

5 模仿例子，完成对话

例子：

jīn tiān jǐ hào
A: 今天几号？

èr shí èr hào
B: 二十二号。

míng tiān xīng qī jǐ
A: 明天星期几？

xīng qī wǔ
B: 星期五。

①

九月八日
星期日（昨天）

九月九日
星期一（今天）

zuó tiān jǐ hào
A: 昨天几号？

B: 八号。

jīn tiān xīng qī jǐ
A: 今天星期几？

B: ____________

②

二月十五日
星期二（今天）

二月十六日
星期三（明天）

jīn tiān xīng qī jǐ
A: 今天星期几？

B: 星期二。

míng tiān jǐ hào
A: 明天几号？

B: ____________

③

三月三十一日
星期六
（我的生日）

jīn tiān shì wǒ de shēng rì
A: 今天是我的生日。

B: 祝你生日快乐！

nǐ de shēng rì shì jǐ yuè jǐ hào
A: 你的生日是几月几号？

B: ____________

教学建议

- 先带领学生进行口头练习，老师问，学生答。
- 三幅图练习完后，让学生写下答案。
- 可以让学生两两一组看图完成对话。

教学建议

- 课文着重培养学生的口语交际能力。
- 老师领读课文，让学生齐读2-3遍。
- 将学生分为两组，一问一答，再角色互换。
- 在PPT上展示课文，让学生做完型填空。
- 让学生根据实际情况编对话进行表演。

课文2 12

jīn tiān shì wǒ de shēng rì
A: 今天是我的生日。

zhù nǐ shēng rì kuài lè
B: 祝你生日快乐！

xiè xie nǐ de shēng rì shì jǐ yuè jǐ hào
A: 谢谢！你的生日是几月几号？

wǒ de shēng rì shì sān yuè wǔ hào
B: 我的生日是三月五号。

wǒ èr líng líng yī nián chū shēng
我二〇〇一年出生。

教学建议

- 事先做好含姓名栏和生日栏的表格发给学生。
- 调查完成后，让学生上前展示调查结果。

6 活动

这样做

- 全班一起做。
- 每个人去问五个同学的生日，并写下来。

7 学拼音 13

A

ai	ei	ao	ou	an	en	ang	eng	ong
ia	ie	iao	iou (iu)	ian	in	iang	ing	iong
ua	uo	uai	uei (ui)	uan	uen (un)	uang	ueng	
üe	üan	ün						

B 1) The tone mark is placed above the final.

例子：星期四 (xīng qī sì)　出生 (chū shēng)

2) When there are two vowels, the tone mark is placed above the vowel which comes earlier in the following order:

a　o　e　i　u　ü

例子：昨天 (zuó tiān)　快乐 (kuài lè)　谢谢 (xiè xie)

3) When "i" and "u" come together, the tone mark is placed above the last vowel.

例子：六 (liù)　岁 (suì) (age)

8 读一读

1) ài hào　2) duì shǒu　3) niú jīn

4) xué xí (üe)　5) ěr chuí　6) jù zi (ü)

7) mén kǒu　8) qún zhòng (ün)　9) bié rén

10) quē kǒu (üe)　11) diē dǎo　12) yáng fān

13) bèi fēng　14) xuě gāo (üe)　15) jué duì (üe)

当 ü 碰上 j、q、x：

When "j", "q", "x" meet "ü", the two dots above "ü" disappear.

教学建议

- 按顺序领读所有复韵母，学生齐读，每个读2-3遍。
- 学生按顺序轮流读，注意纠音。
- 展示不同声调的复韵母，让学生读出。
- 结合例子讲解声调标记规则，可以补充一些调号标记错误的拼音，让学生改正。

教学建议

- 先展示前三个音节，让学生正确地读出来。
- 介绍 ü 和 j、q、x 拼写时的书写规则，并给出例子。
- 正确读出剩余音节。

教学建议

- 准备一至十二月的卡片，分别排开。
- 由老师先问“你的生日是几月几号？”，第一个学生回答后按照生日月份站队，然后由该学生问第二个学生，依次接龙展开。
- 生日是同一月份的学生站队时要按日期排序。
- 注意记录结果，为第12题做准备。

教学建议

- 听2-3遍录音，学生完成练习后，对答案。
- 再听一遍，引导学生听一句复述一句。

9 活动

这样做

- 每个人去找与自己相同月份出生的人。
- 同月出生的人站在一起，按生日先后排成一排。

10 听录音，选择正确答案 14

① a) 八月二十九日 b) 九月二十八日 c) 八月二十八日

② a) 星期四 b) 星期三 c) 三号

③ a) 星期四 b) 五号 c) 星期五

④ a) 五月五号 b) 五月七号 c) 七月五号

⑤ a) 十月二十九号 b) 十一月二十九号 c) 二月十九号

⑥ a) 一九九五年十二月十九号 b) 一九九五年二月十九号 c) 一九五九年十二月十九号

18

11 写拼音

一起唱！

zhù nǐ shēng rì kuài lè
祝你生日快乐！

zhù nǐ shēng rì kuài lè
祝你生日快乐！

zhù nǐ shēng rì kuài lè
祝你生日快乐！

zhù nǐ shēng rì kuài lè
祝你生日快乐！

教学建议

- 展示所有汉字，找一个学生上前写拼音，其他学生在下面写。
- 对答案后一起读。
- 复习“祝你生日快乐”，可以一起唱歌曲。

12 活动

这样做

- 老师准备日历/月历。
- 学生找到自己的生日，并用中文说出自己的生日。

教学建议

- 根据第 9 题的结果将日历翻到一个（或几个）学生生日的日期，问“今天是几月几号”。
- 学生回答后，这一天生日的同学要说句型“我的生日是 X 月 X 号”，其他同学要说“祝你生日快乐”。

第三课　现在八点

教学目标

1. 学会询问时间并以不同方式进行表达。
2. 继续认读汉语拼音音节，掌握正确的书写规则。
3. 进一步学习汉字笔画。

教学重点

1. 生词重点：点、分、刻、两、半、现在、我们、见
2. 语言点重点：时间表达、汉语拼音书写规则
3. 交际重点：以不同方式表达时间；约时间见面。

教学提示

1. 钟点表达法

汉语中用“几点了”来询问钟点。表达钟点的词有“点”“分”“刻”“半”“差”等。

钟点的读法是：

8：00　八点

8：05　八点（零）五（分）

10：30　十点三十（分）= 十点半

11：50　十一点五十（分）= 差十分十二点

12：15　十二点十五（分）= 十二点一刻

2. 时间名词

早上：一般指 5：00–9：00。

上午：一般指 9：00–12：00。

中午：一般指 12：00–13：00。

下午：一般指 13：00–18：00。

晚上：一般指 18：00–24：00。

汉语中时间词（包括时间名词和钟点）可以作状语，用来表达动作或状态发生的时间。当状语有几个时间词时，大的单位在前，小的单位在后，如“中午十二点”“晚上九点”。

结构： 主语 + 状语（时间词）+ 谓语

示例： 我们早上八点见。

我晚上做作业。

教学流程

1. 复习第二课中“年、月、日”的表达，引入新课。
2. 学习生词 1 时，可在讲到关于钟点表达词汇时练习第 1 题，完成后再学习其他生词。
3. 完成生词 2 的学习后，讲解课文 2，练习和巩固相关句型。
4. 第 2、8 题和第 7 题分别是汉字和语音教学，可以在学习完课文后单独讲练。

第三课　现在八点

生词教学

- 点：结合图片问学生"几点了"，引导学生直接读出时间。
- 分：可先问答只有"点"的时间，熟练后，加上"分"，完整表达"几点几分"。
- 零：学习日期表达时，已经接触了"〇"，这里要巩固读法，让学生认识"零"的正确写法。
- 两：适当总结哪些情况下用"两"不用"二"。
- 刻、半：先让学生直接读出时间，帮助学生更好理解"刻"和"半"。
- 了：简单介绍"了"的语法功能。因为所学内容有限，这里重点介绍"几点了"的用法。
- 总结所学的时间表达法。
- 可以利用录音、PPT和生词卡片练习生词。

生词 1 

❶ 点（點）(diǎn) o'clock　几点了？(jǐ diǎn le)

❷ 分 (fēn) minute　八点十分。(bā diǎn shí fēn)　❸ 零 (líng) zero　七点零五分。(qī diǎn líng wǔ fēn)

❹ 刻 (kè) quarter (of an hour)

十点一刻 = 十点十五分 (shí diǎn yí kè = shí diǎn shí wǔ fēn)

十二点三刻 = 十二点四十五分 (shí èr diǎn sān kè = shí èr diǎn sì shí wǔ fēn)

❺ 两（兩）(liǎng) two　两点。(liǎng diǎn)　❻ 半 (bàn) half　两点半 = 两点三十分 (liǎng diǎn bàn = liǎng diǎn sān shí fēn)

Grammar: "两" is used before "百", "千", "万", "个", "点".

❼ 差 (chà) fall short of　差五分六点 = 五点五十五分 (chà wǔ fēn liù diǎn = wǔ diǎn wǔ shí wǔ fēn)

❽ 现（現）(xiàn) present; current

❾ 在 (zài) indicating time　现在 (xiàn zài) now　现在几点？(xiàn zài jǐ diǎn)　现在十点一刻。(xiàn zài shí diǎn yí kè)

❿ 了 (le) a particle　现在几点了？(xiàn zài jǐ diǎn le)

Grammar: "了" can be put at the end of a sentence to indicate a change.

1 模仿例子，编对话

例子：

jǐ diǎn le
A: 几点了？

bā diǎn líng wǔ fēn
B: 八点零五分。

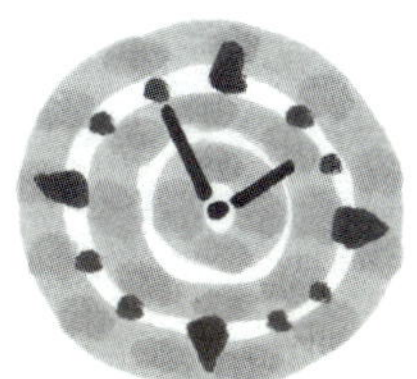

xiàn zài jǐ diǎn
A: 现在几点？

chà wǔ fēn liǎng diǎn
B: 差五分两点。

你可以用

bā diǎn líng wǔ fēn
a) 八点零五分。

jiǔ diǎn shí fēn
b) 九点十分。

shí diǎn yí kè
c) 十点一刻。

shí yī diǎn sān kè
d) 十一点三刻。

shí èr diǎn bàn
e) 十二点半。

chà shí fēn liù diǎn
f) 差十分六点。

1
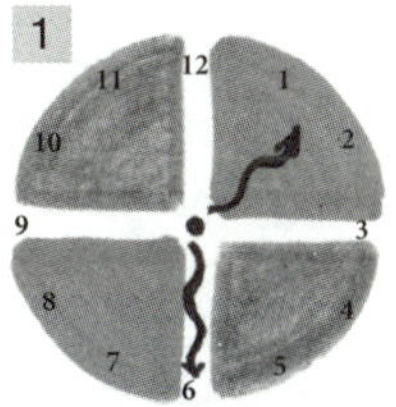
一点半

2
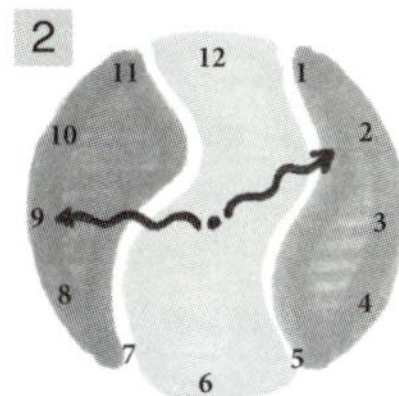

3
十点二十五（分）

4

5

九点三刻

6
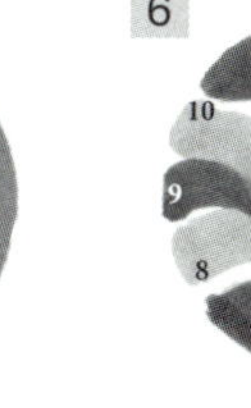

7

六点十分

8
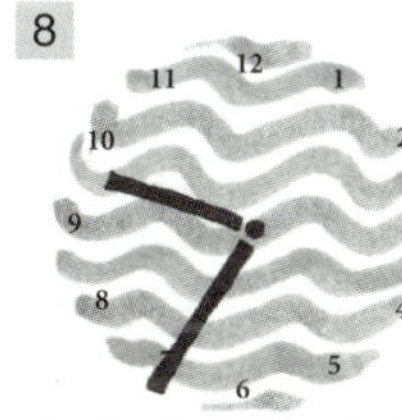
九点三十五（分）

一起读！

jǐ diǎn jǐ diǎn xiàn zài jǐ diǎn
几点，几点，现在几点？

xiàn zài qī diǎn líng wǔ fēn
现在七点零五分。

jǐ diǎn jǐ diǎn xiàn zài jǐ diǎn
几点，几点，现在几点？

xiàn zài liù diǎn chà yí kè
现在六点差一刻。

教学建议

- 第一个例子可以由老师问，学生答；第二个例子可让一个学生问，其他学生答。
- 学生两两一组，练习剩余八道题。
- 自由练习结束后，每题可以让 1-2 组学生展示。
- 听录音复述“一起读”，掌握后，根据实际时间做替换练习。

教学建议

- 课文着重培养学生的口语交际能力。
- 老师领读，学生齐读。
- 将课文内容制成图片，老师问，学生看图回答。
- 分组让学生互相问答，最后可以脱离文本，在图片的提示下自由问答。

课文 1 17

1

jǐ diǎn le
几点了？

qī diǎn líng wǔ fēn
七点零五分。

2

jǐ diǎn le
几点了？

bā diǎn shí fēn
八点十分。

3

xiàn zài jǐ diǎn
现在几点？

xiàn zài shí diǎn yí kè
现在十点一刻。

4

xiàn zài jǐ diǎn
现在几点？

xiàn zài shí èr diǎn sān kè
现在十二点三刻。

5

xiàn zài jǐ diǎn le
现在几点了？

xiàn zài liǎng diǎn bàn
现在两点半。

6

xiàn zài jǐ diǎn le
现在几点了？

xiàn zài chà wǔ fēn liù diǎn
现在差五分六点。

22

2 学笔画

① 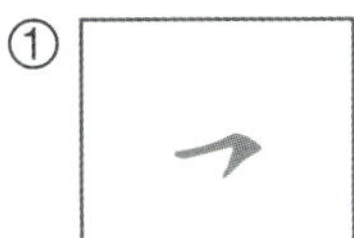
héng gōu

② 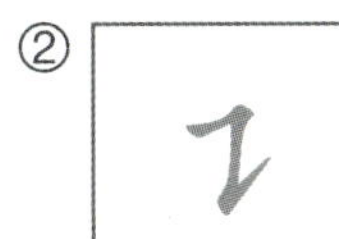
héng zhé tí

③ 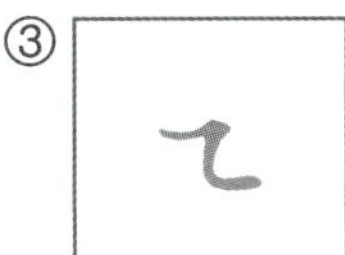
héng zhé wān

④ 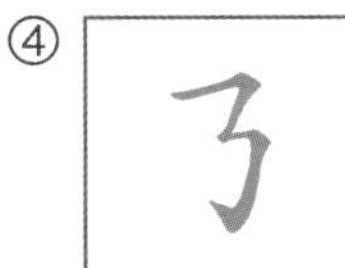
héng zhé zhé zhé gōu

⑤ 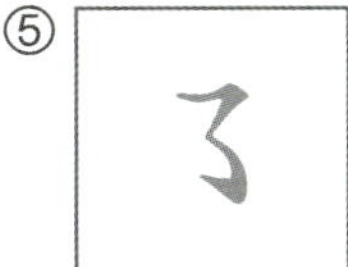
héng piě wān gōu

⑥ 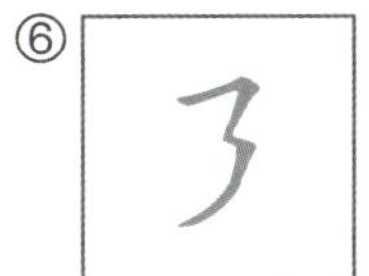
héng zhé zhé piě

⑦ 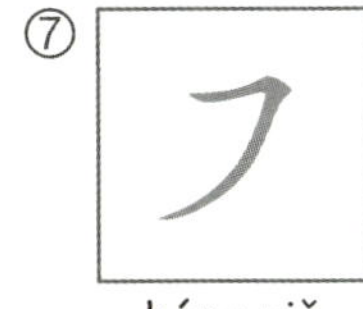
héng piě

⑧ 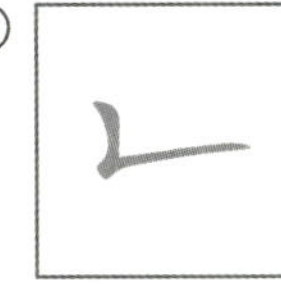
shù zhé

⑨ 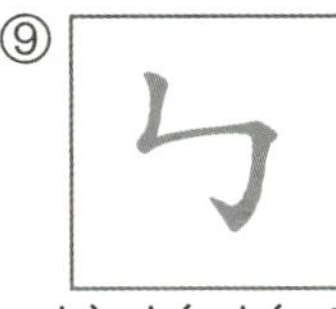
shù zhé zhé gōu

⑩ 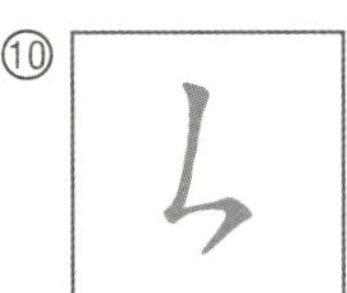
shù zhé piě

3 活动

这样做

- 老师拿一个钟，将指针拨到一个时间点。
- 学生说出时间。
- 此活动也可由两个学生完成。

教学建议

- 先复习学过的基本笔画，给出一些汉字，让学生说出这些汉字包含哪些笔画。
- 讲解笔画时给出例字。

第 2 题　补充练习

说出以下汉字的笔画：说、奶、阳、及、与、又、出、宝、没

教学建议

- 老师可统一拨 4-5 个时间点，让学生说一说。前面几个可以一起回答，后面的单独回答。
- 可以做几个表盘道具分给学生，让学生分组练习后上前展示。

生词教学

- 我们：可以适当扩展到"你们"，用"我们是朋友""你们 XX 年出生"等学过的生词和句型进行练习。
- 早上、上午、中午、下午、晚上：可以放在一起学习。用问答的方法，先让学生熟悉这些词，然后再说出完整的时间。
- 见：替换不同的时间练习"我们 XX 点见"。
- 可以利用录音、PPT 和生词卡片练习生词。

生词 2 

❶ 们（們）(men) a suffix (used to form a plural number)
我们 (wǒ men) we; us

❷ 见（見）(jiàn) meet with 我们几点见？(wǒ men jǐ diǎn jiàn)

❸ 上 (shang) a suffix

❹ 早 (zǎo) morning 早上 (zǎo shang) early morning (usually between 5:00-9:00)
我们早上七点四十见。(wǒ men zǎo shang qī diǎn sì shí jiàn)

Grammar: In Chinese, the order of time is from general to specific.

❺ 晚 (wǎn) evening 晚上 (wǎn shang) (in the) evening; (at) night (usually between 18:00-24:00)
我们今天晚上几点见？(wǒ men jīn tiān wǎn shang jǐ diǎn jiàn)

❻ 午 (wǔ) noon

❼ 上 (shàng) previous 上午 (shàng wǔ) morning (usually between 9:00-12:00) 上午九点半。(shàng wǔ jiǔ diǎn bàn)

❽ 中 (zhōng) middle 中午 (zhōng wǔ) noon (usually between 12:00-13:00) 中午十二点。(zhōng wǔ shí èr diǎn)

❾ 下 (xià) after 下午 (xià wǔ) afternoon (usually between 13:00-18:00) 下午三点一刻。(xià wǔ sān diǎn yí kè)

4 模仿例子，编对话

běi jīng　wǎn shang
北京　晚上
Beijing

例子：

A: 北京现在几点？
(běi jīng xiàn zài jǐ diǎn)

B: 晚上七点半。
(wǎn shang qī diǎn bàn)

教学建议

- 老师带领学生完成例子，然后领学生熟读1-9题中的地名。
- 两人一组，自由练习。
- 自由练习后，每题请1-2组学生上前展示。

1

xiāng gǎng　zǎo shang
香港　早上
Hong Kong
六点三刻

2

shàng hǎi　zhōng wǔ
上海　中午
Shanghai
十二点零五（分）

3

chóng qìng　xià wǔ
重庆　下午
Chongqing
四点三十五（分）

4

guǎng zhōu　wǎn shang
广州　晚上
Guangzhou
九点二十五（分）

5

shēn zhèn　zǎo shang
深圳　早上
Shenzhen
七点半

6

tiān jīn　zhōng wǔ
天津　中午
Tianjin
一点

7

nán jīng　shàng wǔ
南京　上午
Nanjing
十点三刻

8

tái běi　wǎn shang
台北　晚上
Taipei
十一点十分

9

qīng dǎo　xià wǔ
青岛　下午
Qingdao
两点五十（分）

教学建议

- 课文着重培养学生的口语交际能力。
- 老师领读，学生齐读。
- 分组自由练习对话。为增强趣味性，可以用不同的动物来命名小组。

课文 2 19

1

wǒ men jǐ diǎn jiàn
我们几点见？

zǎo shang qī diǎn sì shí
早上七点四十。

2

wǒ men míng tiān jǐ diǎn jiàn
我们明天几点见？

shàng wǔ jiǔ diǎn bàn
上午九点半。

3

wǒ men jīn tiān jǐ diǎn jiàn
我们今天几点见？

zhōng wǔ shí èr diǎn
中午十二点。

4

wǒ men jǐ diǎn jiàn
我们几点见？

jīn tiān xià wǔ sān diǎn yí kè
今天下午三点一刻。

5

wǒ men jīn tiān wǎn shang jǐ diǎn jiàn
我们今天晚上几点见？

bā diǎn shí fēn jiàn
八点十分见。

5 听录音，选择正确答案 20

①
(a) 八点一刻 ✓
b) 一点三刻
c) 八点三刻

②
a) 晚上八点半
(b) 中午十二点半 ✓
c) 下午两点半

③
a) 下午两点十分
(b) 下午两点二十 ✓
c) 下午两点十二

④
a) 下午四点一刻
(b) 下午四点三刻 ✓
c) 下午四点半

⑤
a) 早上七点十四
b) 早上八点三十
(c) 早上七点四十 ✓

⑥
(a) 晚上十一点五十 ✓
b) 晚上十一点十五
c) 晚上十点五十

教学建议

- 听 2-3 遍录音，学生完成练习后，对答案。
- 再听一遍，引导学生听一句复述一句。

6 模仿例子，编对话 见参考答案

例子：

A: 现在几点？(xiàn zài jǐ diǎn)

B: 现在下午四点。(xiàn zài xià wǔ sì diǎn)

① 10:05

② 12:15

③

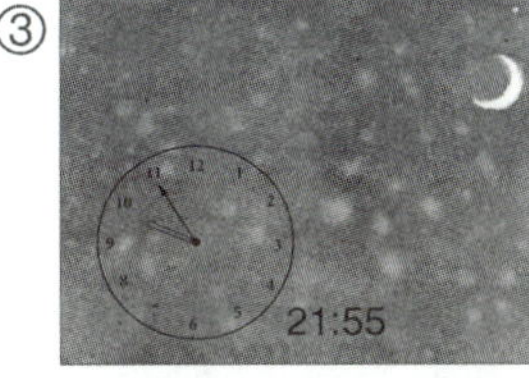

④

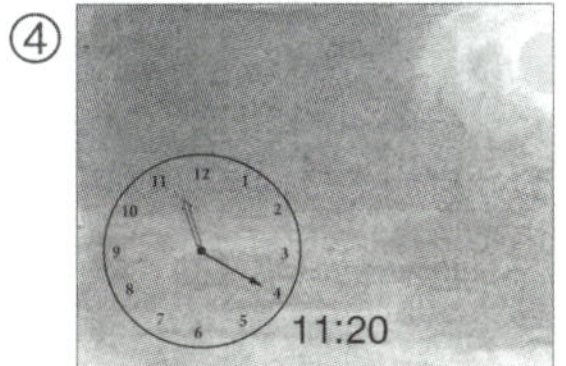

⑤ 14:45

⑥

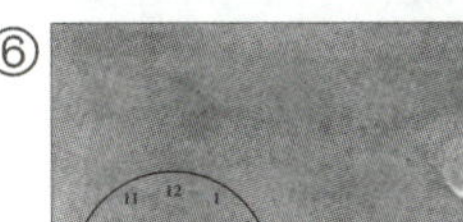

⑦

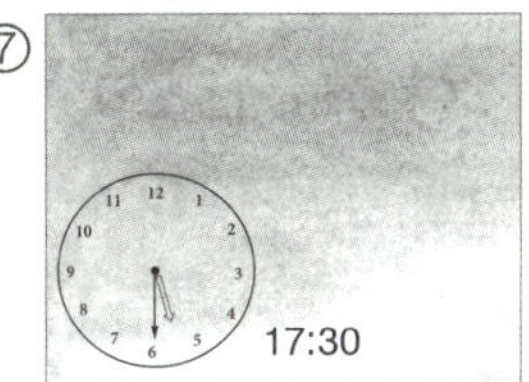

27

教学建议

- 学生两人一组，自由练习。
- 每题 1-2 组学生展示。

第 6 题　参考答案

1. 现在上午十点零五（分）。
2. 现在中午十二点一刻。
3. 现在晚上九点五十五（分）。
4. 现在上午十一点二十（分）。
5. 现在下午两点三刻。
6. 现在晚上八点五十（分）。
7. 现在下午五点半。

7 读一读

A

zhi chi shi ri zi ci si

yi wu yu ye yue yuan

yin yun ying

B

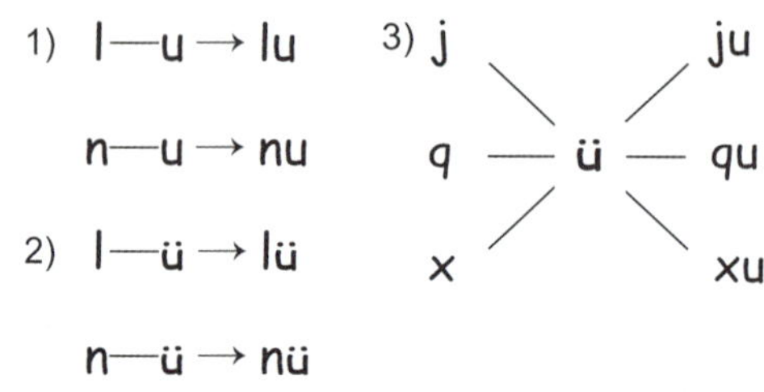

1) l—u → lu

n—u → nu

2) l—ü → lü

n—ü → nü

3) j, q, x — ü → ju, qu, xu

一起读！ 21

jǐ diǎn jiàn wǒ men jǐ diǎn jiàn
几点见？我们几点见？

shí diǎn shí diǎn shàng wǔ shí diǎn
十点，十点，上午十点。

jǐ diǎn jiàn wǒ men jǐ diǎn jiàn
几点见？我们几点见？

sān diǎn sān diǎn xià wǔ sān diǎn
三点，三点，下午三点。

教学建议

- 学生按顺序轮流读，注意纠音。
- 补充带声调的音节，让学生读一读。
- 复习 ü 和 j、q、x 相拼时的书写规则，总结 ü 和各声母相拼时如何书写。

第 7 题　补充练习

zhī chǐ yè yuè wǔ zī cí yuàn yíng

nǚ nǔ jù xǔ lù lǜ qū

8 活动

这样做

- 两人一组。
- 在规定的时间里给下面的汉字注拼音。
- 写对最多的组胜出。

教学建议

- 将汉字打印好发给学生。
- 两人一组，计时 1 分钟，给汉字注音。
- 公布正确答案，让学生完成规定时间内未完成的内容。

汉字：

yuè	hào	jīn	tiān	míng	zuó	xīng	qī
月	号	今	天	明	昨	星	期
rì	shēng	jiǔ	qiān	wàn	bǎi	shì	wǎn
日	生	九	千	万	百	是	晚

28

9 模仿例子，完成对话

例子：

xiàn zài jǐ diǎn
A: 现在几点？

bā diǎn líng wǔ fēn
B: 八点零五分。

1

xiàn zài jǐ diǎn le
A: 现在几点了？

B: 九点半。

2

A: 现在几点了？

shí èr diǎn yí kè
B: 十二点一刻。

3

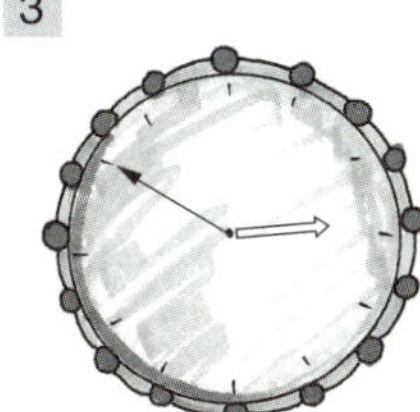

xiàn zài jǐ diǎn
A: 现在几点？

B: 两点五十（分）。

4

xiàn zài jǐ diǎn le
A: 现在几点了？

B: 五点零五分。

5

jīn tiān jǐ yuè jǐ hào
A: 今天几月几号？

B: 六月七号。

6

jīn tiān xīng qī jǐ
A: 今天星期几？

B: 星期五。

7

A: 昨天星期几？

zuó tiān xīng qī rì
B: 昨天星期日。

教学建议

- 学生自己完成练习。
- 每题找 1-2 个学生回答，回答之后将正确答案公布在 PPT 上，确保学生书写正确。

第四课 我叫王月

教学目标

1. 掌握汉语中的是非疑问句。
2. 掌握基本的打招呼和告别用语。
3. 学会询问他人基本情况、做简单的自我介绍。
4. 学习汉字的偏旁部首。
5. 简单了解汉语中的姓名规则和称呼。

教学重点

1. 生词重点：叫、什么、名字、岁、也、不、都
2. 短语重点：几岁、多大、上……年级
3. 语言点重点：是非疑问句、“呢”的省略问句、副词“都”、“不”的变调
4. 交际重点：打招呼、告别、简单的自我介绍。

教学提示

1. 是非疑问句

结构： 陈述句 + 吗?

示例： 你是学生吗?

你上七年级吗?

是非疑问句的肯定回答一般用“是”或者“对”，否定回答一般用“不”或者“没有”。

2. “呢”的省略问句

“呢”在一定的上下文语境中可以直接用在名词性或代词性成分后表示疑问语气。

示例： 我姓王，你呢?

我八点不能和你见面，九点呢?

3. 都

副词“都”常用来表示范围，总括前面所提到的人或事物。

结构： 主语 + 都 + 谓语

示例：我们都喜欢上汉语课。
他们都是小学生。

4. “不”的变调

规则：“不”在第四声字前读二声，即不 + ˋ → 不(bú)。“不”在第一、二、三声字前读四声，即不 + ˉ / ˊ / ˇ → 不(bù)。

示例：不 + 是→ 不 (bú) + 是
不 + 来 → 不 (bù) + 来
不 + 好 → 不 (bù) + 好

5. 中国人的姓名

中国人的姓名由两部分构成。“姓”在前，“名”在后。如“王月”中“王”是姓，“月”是名。再如“王家明”中“王”是姓，“家明”是名。

中国人的姓有很多，一般是一个字的，也有一些复姓，如“欧阳”“上官”等。在称呼一些称谓如“老师”“阿姨”“叔叔”等时，常常把姓放在称谓前面，如“李老师”“王阿姨”“刘叔叔”等。

中国人通常有小名，一般是比较亲密的家人或朋友之间称呼的。

教学流程

1. 可以通过学过的词汇如“朋友”引出自我介绍，导入新课。
2. 生词 1 中涉及到的问题很多，可以做问答接龙。学习“你呢”之后，可以结合学过的主题做问答练习。
3. 文化常识如“中国人的姓名”可以在讲生词或相关内容时带出。
4. 学习课文 2 之后，练习第 6 题、第 7 题、第 8 题。
5. 第 4 题和第 5 题分别是汉字和语音练习，可以在学习完主要语言点之后练习。

第四课 我叫王月

生词教学

- 结合生词中的几个名字，讲解汉语中的姓名以及姓和名的顺序。
- 用问答接龙的方式练习"你叫什么名字？"。
- "你多大？"也可以进行问答接龙，顺便复习生日。
- 可以利用录音、PPT 和生词卡片练习生词。

生词 1 22

❶ mǎ 马（馬）a surname　mǎ tiān lè 马天乐 a full name ◀ Note: In Chinese, the surname is put before the given name.

❷ lǐ 李 a surname　lǐ dà nián 李大年 a full name　❸ wáng 王 a surname　wáng yuè 王月 a full name

❹ jiào 叫 name; call　❺ shén me 什么（麼）what

❻ míng 名 name　❼ zì 字 name　míng zi 名字 name　nǐ jiào shén me míng zi 你叫什么名字？

❽ suì 岁（歲）year (of age); a measure word (used for age)　nǐ jǐ suì le 你几岁了？ wǒ bā suì 我八岁。

❾ duō 多 used in questions to indicate degree or extent

❿ dà 大 (of) age　duō dà 多大 how old　nǐ duō dà le 你多大了？

Grammar: a) When "多大" is used, the person referred to is usually over ten years old.
b) When "几岁" is used, the person referred to is usually under ten years old.

⓫ jí 级（級）grade　nián jí 年级 grade

⓬ shàng 上 begin work or study at a fixed time　wǒ shàng qī nián jí 我上七年级。

⓭ yě 也 also　wǒ yě shàng qī nián jí 我也上七年级。　⓮ bù 不 no; not　wǒ bú shàng qī nián jí 我不上七年级。

Note: "不" is pronounced in the 2nd tone if preceded by a 4th tone.

⓯ ma 吗（嗎）a particle　nǐ yě shàng qī nián jí ma 你也上七年级吗？

Grammar: a) "吗" is put at the end of a sentence to form a question.
b) The yes answer to the question is "我也上七年级", and the no answer is "我不上七年级".

⓰ ne 呢 a particle　wǒ shàng sān nián jí 我上三年级。 nǐ ne 你呢？

Grammar: "呢" can be used after a noun or a pronoun to form a question.

30

1 活动

我叫李大生。

你叫什么名字？

这样做

- 全班一起做。
- 每个人去问五个同学以下四个问题。
- 把答案写在表格里。

问题：

1) 你叫什么名字？(nǐ jiào shén me míng zi)
2) 你今年多大了？(nǐ jīn nián duō dà le)
3) 你今年上几年级？(nǐ jīn nián shàng jǐ nián jí)
4) 你的生日是几月几号？(nǐ de shēng rì shì jǐ yuè jǐ hào)

名字	年龄	年级	生日
1) 李大生	十一岁	七年级	三月一日
2)			
3)			
4)			
5)			
6)			

教学建议

- 老师可以事先做好表格，发给学生。
- 活动时，老师注意观察学生的问答是否正确。
- 完成活动后，可以让学生展示。展示时可以邀请被记录人一起问答。

教学建议

- 课文着重培养学生的口语交际能力。
- 可让学生两人一组，分组练习。
- 根据学生水平，列出主要句型，让学生根据实际情况改编对话并表演。

课文 1 

1

nǐ jiào shén me míng zi
你叫什么名字？

wǒ jiào wáng yuè
我叫王月。

nǐ duō dà le
你多大了？

wǒ shí yī suì
我十一岁。

nǐ shàng jǐ nián jí
你上几年级？

wǒ shàng qī nián jí nǐ yě shàng qī nián jí ma
我上七年级。你也上七年级吗？

wǒ bú shàng qī nián jí wǒ shàng bā nián jí
我不上七年级。我上八年级。

2

nǐ jiào shén me míng zi
你叫什么名字？

wǒ jiào mǎ tiān lè
我叫马天乐。

nǐ jǐ suì le
你几岁了？

wǒ bā suì
我八岁。

nǐ shàng jǐ nián jí
你上几年级？

wǒ shàng sān nián jí nǐ ne
我上三年级。你呢？

wǒ shàng qī nián jí
我上七年级。

32

2 模仿例子，编对话

例子：

nǐ jiào shén me míng zi
A: 你叫什么名字？

wǒ jiào yuè míng jīn tiān sān yuè liù hào
B: 我叫月明。今天三月六号。

jīn tiān shì wǒ de shēng rì
今天是我的生日。

zhù nǐ shēng rì kuài lè
A: 祝你生日快乐！

xiè xie
B: 谢谢！

nǐ jīn nián shàng jǐ nián jí
A: 你今年上几年级？

wǒ shàng liù nián jí
B: 我上六年级。

①

②

一起读！

jǐ suì jǐ suì nǐ jīn nián jǐ suì
几岁，几岁，你今年几岁？

bā suì bā suì wǒ jīn nián bā suì
八岁，八岁，我今年八岁。

duō dà duō dà nǐ jīn nián duō dà
多大，多大，你今年多大？

shí yī shí yī wǒ jīn nián shí yī
十一，十一，我今年十一。

教学建议

- 可以让学生仿照例子编对话，熟悉之后可以两人一组根据实际情况做对话练习。

生词教学

- 注意告诉学生"你好"和"您好"的区别。
- 都：表示全部（数量在两个以上）。注意提醒学生"都"在句中的位置。

生词 2 25

1. tián 田 a surname
2. ā 阿 a prefix (used before a nickname, a surname or a relative)
3. yí 姨 aunt　ā yí 阿姨 aunt; a form of address for any woman of mother's generation
   tián ā yí 田阿姨 Auntie Tian
4. xiǎo 小 small; little　xiǎo míng 小名 nickname　wǒ de xiǎo míng jiào lè le 我的小名叫乐乐。
5. nín 您 you (respectfully)　nín zǎo 您早！
6. hǎo 好 used to show politeness　nǐ hǎo 你好！ nín hǎo 您好！
7. nǐ men 你们 you (plural)　nǐ men shàng jǐ nián jí 你们上几年级？
8. jīn nián 今年 this year　nǐ jīn nián shàng jǐ nián jí 你今年上几年级？ wǒ jīn nián shàng qī nián jí 我今年上七年级。

Grammar: a) Sentence Pattern: Subject + Time Word + Verb + Object
b) Time word can also be put in front of the subject, for example, 今年我上七年级.

9. dōu 都 both; all　wǒ men dōu shàng qī nián jí 我们都上七年级。
10. zài 再 again　zài jiàn 再见 goodbye; see you again

34

3 模仿例子，编对话

王老师　田明 十三岁 八年级　朋朋 十三岁 八年级

例子：

wáng lǎo shī　nǐ men hǎo　nǐ jiào shén me míng zi
王老师：你们好！你叫什么名字？

tián míng　wǒ jiào tián míng
田明：我叫田明。

wáng lǎo shī　nǐ jīn nián duō dà le
王老师：你今年多大了？

tián míng　shí sān suì
田明：十三岁。

wáng lǎo shī　nǐ shàng jǐ nián jí
王老师：你上几年级？

tián míng　wǒ shàng bā nián jí
田明：我上八年级。

wáng lǎo shī　nǐ jiào shén me míng zi
王老师：你叫什么名字？

péng peng　wǒ jiào péng peng
朋朋：我叫朋朋。

wáng lǎo shī　nǐ yě shàng bā nián jí ma
王老师：你也上八年级吗？

péng peng　wǒ yě shàng bā nián jí
朋朋：我也上八年级。

tián míng　wǒ men dōu shàng bā nián jí
田明：我们都上八年级。

①

马老师　大明 十二岁 七年级　天一 十二岁 七年级

②

田老师　大中 十岁 六年级　明明 十岁 六年级

教学建议

- 三人一组练习，一人扮演老师，两人扮演学生。
- 可以根据学生水平给出相关句型或关键词提示。
- 练习后选小组上前表演。老师和其他同学可以从语言、表演水平等方面来评价，选出最佳表演小组。

教学建议

- 课文着重培养学生的口语交际能力。
- 通过分组练习、提问等方式考察学生对课文的理解情况。
- 学生可以根据实际情况编对话并上前展示。

课文 2

26

1

tián ā yí nín hǎo
田阿姨，您好！

nǐ men hǎo nǐ jiào shén me míng zi
你们好！你叫什么名字？

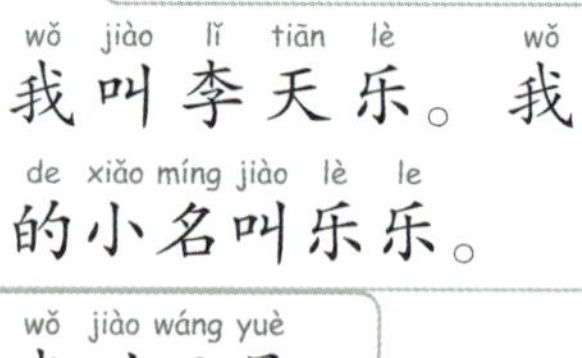

wǒ jiào lǐ tiān lè wǒ de xiǎo míng jiào lè le
我叫李天乐。我的小名叫乐乐。

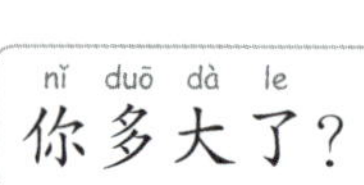

wǒ jiào wáng yuè
我叫王月。

nǐ duō dà le
你多大了？

wǒ shí suì
我十岁。

wǒ shí yī suì
我十一岁。

nǐ men shàng jǐ nián jí
你们上几年级？

wǒ men dōu shàng qī nián jí
我们都上七年级。

2

nín zǎo
您早！

nǐ hǎo nǐ jiào shén me míng zi
你好！你叫什么名字？

wǒ jiào wáng míng
我叫王明。

nǐ jīn nián shàng jǐ nián jí
你今年上几年级？

wǒ jīn nián shàng qī nián jí zài jiàn
我今年上七年级。再见！

zài jiàn
再见！

4 学偏旁部首

① 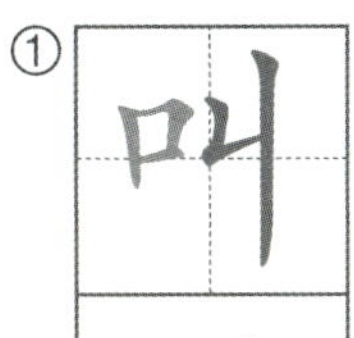
mouth

② 你
standing person

③ 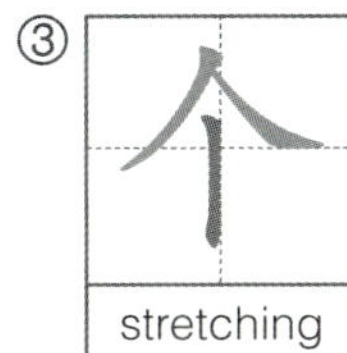
stretching person

④ 
sun

⑤ 的
white

⑥ 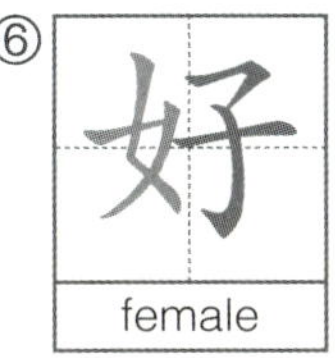
female

⑦ 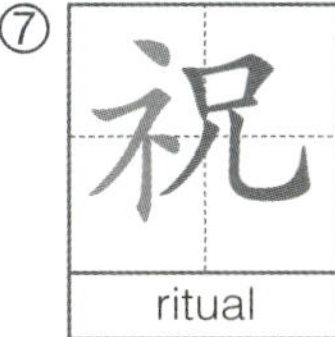
ritual

⑧ 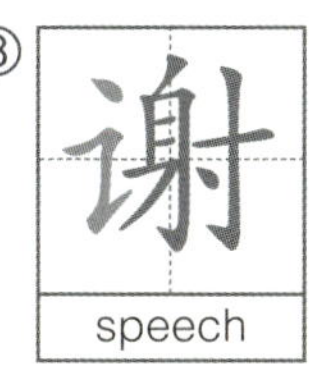
speech

5 读一读

1) 十是十，(shí shì shí)
四是四。(sì shì sì)
十四是十四，(shí sì shì shí sì)
四十是四十。(sì shí shì sì shí)

2) 女子好，(nǚ zǐ hǎo)
田力男。(tián lì nán)
门口问，(mén kǒu wèn)
小大尖。(xiǎo dà jiān)

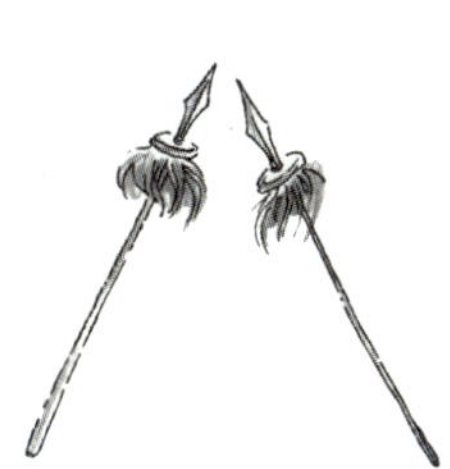

教学建议

- 复习汉字基本笔画，给出一些汉字，让学生说出这些汉字包含哪些笔画。
- 分别展示 8 个部首，并给出例字。

第 4 题　补充练习

说出以下汉字的偏旁部首：们、吗、皓、今、说、晚、妈、视

教学建议

- 先给出一些汉语拼音音节，让学生认读复习。
- 老师领读 2-3 遍后，学生单独读，可以每个学生读一句。
- 自由练习后，要求学生背诵。
- 注意纠音。

教学建议

- 利用 PPT 展示日历，老师可以说具体日期，让学生回答"星期 X"，也可以说"星期 X"，让学生回答具体日期。

6 活动

二〇一五年三月十六号

星期一

星期天

这样做

- 每个学生拿出自己的日记／日历。
- 老师说出一个日期，比如：二〇一五年三月十六日。
- 学生要在日记／日历上找到那天并说出是星期几。
- 先找到并说对的学生胜出。

教学建议

- 听 2-3 遍录音，提醒学生做笔记。
- 完成练习后，对答案。再听一遍，引导学生听一句复述一句。

7 听录音，选择正确答案 27

① 李月 ___ 岁。
a) 十
b) 十一
c) 十二 ✓

② 李月的生日是 ___。
a) 九月二十一日 ✓
b) 二月十九日
c) 九月十一日

③ 李月上 ___ 年级。
a) 八 ✓
b) 六
c) 七

④ 王大年 ___。
a) 八岁
b) 八岁半 ✓
c) 九岁半

⑤ 王大年的生日是 ___。
a) 七月十三日
b) 三月七日
c) 七月三十日 ✓

⑥ 王大年上 ___ 年级。
a) 十
b) 五
c) 四 ✓

8 猜一猜，图中人物在说什么

你可以用

a) 祝你生日快乐！(zhù nǐ shēng rì kuài lè)
b) 我们都上七年级。(wǒ men dōu shàng qī nián jí)
c) 现在五点半了。(xiàn zài wǔ diǎn bàn le)
d) 明天是我的生日。(míng tiān shì wǒ de shēng rì)
e) 明天星期一。(míng tiān xīng qī yī)
f) 谢谢！(xiè xie)
g) 我叫马小天。(wǒ jiào mǎ xiǎo tiān)

1

你们都上七年级吗？

我们都上七年级。

教学建议

- 可以举手抢答，要求学生说出完整的句子。
- 可以分组练习，鼓励用“你可以用”中的句子。

第 8 题　补充练习

1. A：你多大了？
   B：__我十岁__。
2. A、B：__您好__！
   C：你们好！

第五课　我家有七口人

教学目标

1. 学习亲属称谓，询问家庭人口，介绍主要的家庭成员。
2. 继续学习汉字的偏旁部首。
3. 培养成段表达能力。

教学重点

1. 生词重点：有 / 没有、口、谁、这、那
2. 短语重点：兄弟姐妹、几口人
3. 语言点重点："有"字句；量词"口"
4. 交际重点：询问并告知家庭人口，介绍家庭成员。

教学提示

1. "有"字句

表示领有。

结构： 某人（物）+ 有 + 某人（物）

示例： 我有姐姐。

他有一本书。

否定形式是在"有"前加"没"，即某人（物）+ 没有 + 某人（物）。

示例： 我没有哥哥。

他没有钱。

是非疑问句的形式是"某人（物）+ 有 + 某人（物）吗？"，回答时用"有"或"没有"。

2. 口

量词，用来表示家庭人口。

结构： X 口人

示例： 我家有三口人。

他家有五口人。

教学流程

1. 学习新课前，可展示一张全家福照片，在上面标出成员的名字、孩子的年龄等。一方面复习询问姓名、年龄，另一方面引出本课的亲属称谓。
2. 学习生词 2 后，可直接进入课文 2，再练习第 3 题和第 5 题。
3. 第 4 题和第 7 题是关于汉字的学习，可在最后进行。
4. 建议第 8 题布置成作业，可课后完成。

第五课　我家有七口人

生词教学

- 结合带亲属称谓的图片，通过齐唱、独唱等方式，让学生熟记家庭成员怎么说。然后把文字遮住，只展示图片，通过抢答的方式练习和巩固。
- 注意"口"和"个"用法的区别，培养学生的量词意识。
- 学习全部生词后，可展示不同家庭的图片，结合所学生词和句型进行问答。也可根据学生水平，安排学生介绍自己的家庭情况。
- 可以利用录音、PPT和生词卡片练习生词。

生词 1 

1. bà ba 爸（爸）dad; father
2. mā ma 妈（媽）（妈）mum; mother
3. jiě jie 姐（姐）elder sister
4. mèi mei 妹（妹）younger sister　jiě mèi 姐妹 sisters
5. gē ge 哥（哥）elder brother
6. dì di 弟（弟）younger brother
7. xiōng 兄 elder brother　xiōng dì 兄弟 brothers　xiōng dì jiě mèi 兄弟姐妹 brothers and sisters
8. yǒu 有 have　wǒ yǒu liǎng ge dì di 我有两个弟弟。
9. méi 没 not have　méi yǒu 没有 not have　wǒ méi yǒu xiōng dì jiě mèi 我没有兄弟姐妹。
10. jiā 家 family; home
11. rén 人 person
12. kǒu 口 a measure word (used for family members)　nǐ jiā yǒu jǐ kǒu rén 你家有几口人？　wǒ jiā yǒu qī kǒu rén 我家有七口人。
13. hái 还（還）also; in addition　wǒ yǒu yí ge jiě jie, hái yǒu yí ge mèi mei 我有一个姐姐，还有一个妹妹。
14. hé 和 and　wǒ jiā yǒu sān kǒu rén: bà ba、mā ma hé wǒ 我家有三口人：爸爸、妈妈和我。
15. shéi 谁（誰）who; whom　nǐ jiā yǒu shéi 你家有谁？

40

1 模仿例子，完成对话

例子：

nǐ jiā yǒu jǐ kǒu rén
A: 你家有几口人？

wǔ kǒu rén
B: 五口人。

nǐ jiā yǒu shéi
A: 你家有谁？

bà ba mā ma gē ge jiě jie
B: 爸爸、妈妈、哥哥、姐姐

hé wǒ
和我。

①

nǐ jiā yǒu jǐ kǒu rén
A: 你家有几口人？

B: 三口人。

nǐ yǒu xiōng dì jiě mèi ma
A: 你有兄弟姐妹吗？

B: 没有。

②

nǐ yǒu gē ge ma
A: 你有哥哥吗？

B: 有。

nǐ yǒu jǐ ge gē ge
A: 你有几个哥哥？

B: 一个哥哥。

nǐ yǒu jiě jie ma
A: 你有姐姐吗？

B: 没有。

教学建议

- 老师可带领学生完成例子，提炼出关键词，让学生多读几遍，掌握基本句型。
- 可以让学生两人一组问答，问答完一轮互换角色。

教学建议

- 领读 2-3 遍后，学生两人一组自由问答。
- 可以将课文内容制成图片，通过提问的方式帮助学生理解课文含义。

课文 1 29

nǐ jiā yǒu jǐ kǒu rén
你家有几口人？

wǒ jiā yǒu qī kǒu rén
我家有七口人。

nǐ yǒu dì di ma
你有弟弟吗？

wǒ yǒu dì di
我有弟弟。

nǐ yǒu jǐ ge dì di
你有几个弟弟。

wǒ yǒu liǎng ge dì di
我有两个弟弟。

nǐ yǒu jiě jie ma
你有姐姐吗？

wǒ yǒu yí ge jiě jie hái yǒu yí ge mèi mei nǐ jiā yǒu jǐ kǒu rén nǐ jiā yǒu shéi
我有一个姐姐，还有一个妹妹。你家有几口人？你家有谁？

wǒ jiā yǒu sān kǒu rén bà ba mā ma hé wǒ wǒ méi yǒu xiōng dì jiě mèi
我家有三口人：爸爸、妈妈和我。我没有兄弟姐妹。

2 模仿例子，编对话

例子：

nǐ jiā yǒu jǐ kǒu rén
A: 你家有几口人？

wǒ jiā yǒu liù kǒu rén
B: 我家有六口人。

nǐ yǒu gē ge ma
A: 你有哥哥吗？

wǒ méi yǒu gē ge
B: 我没有哥哥。

nǐ yǒu dì di ma
A: 你有弟弟吗？

yǒu
B: 有。

nǐ yǒu jǐ ge dì di
A: 你有几个弟弟？

liǎng ge
B: 两个。

nǐ dà dì di jīn nián jǐ suì
A: 你大弟弟今年几岁？

……

一起读！

30

nǐ jiā yǒu shéi? nǐ jiā yǒu shéi?
你家有谁？你家有谁？

bà ba mā ma xiōng dì jiě mèi
爸爸、妈妈、兄弟姐妹。

nǐ jiā yǒu shéi? nǐ jiā yǒu shéi?
你家有谁？你家有谁？

bà ba mā ma xiōng dì jiě mèi
爸爸、妈妈、兄弟姐妹。

教学建议

- 可以分组练习，比一比哪一组问答的最多。
- 可以以接龙形式问答，即A问B，B问C……让学生根据图片内容尽量多问问题。

生词教学

- **这、那：** 注意"这"用来"近指"，"那"用来"远指"。老师可以结合手势帮助学生理解词语用法。
- **他、她：** 可扩展到复数形式"他们""她们"。适当复习学过的内容，如"他们十岁""她们是朋友"等。
- 可以利用录音、PPT和生词卡片练习生词。

生词 2 31

1. zhè 这（這）this　zhè ge rén shì shéi 这个人是谁？
   zhè shì nǐ jiě jie ma 这是你姐姐吗？
   Grammar: When "你", "我", "他" or "她" comes before the words for family members, "的" is not needed.
2. nà 那 that　nà ge rén shì shéi 那个人是谁？
   Grammar: Pattern: 这 / 那 + Measure Word + Noun
3. tā 他 he; him　tā shì wǒ gē ge 他是我哥哥。
4. tā 她 she; her　tā shì wǒ mèi mei 她是我妹妹。
5. xué 学（學）school; study　xiǎo xué 小学 primary school　zhōng xué 中学 secondary school
6. dà 大 big; large　dà xué 大学 university
7. shēng 生 student　xué shēng 学生 student
   xiǎo xué shēng 小学生 primary school student　tā shì xiǎo xué shēng 她是小学生。
   zhōng xué shēng 中学生 secondary school student　tā shì zhōng xué shēng 她是中学生。
   dà xué shēng 大学生 university student　tā shì dà xué shēng 他是大学生。

3 模仿例子，介绍你的家人

例子：

zhè ge rén shì shéi
A: 这个人是谁？

tā shì wǒ gē ge
B: 他是我哥哥。

tā jīn nián duō dà le
A: 他今年多大了？

tā shí liù suì
B: 他十六岁。

tā jīn nián shàng jǐ nián jí
A: 他今年上几年级？

tā jīn nián shàng shí nián jí míng tiān shì tā de shēng rì
B: 他今年上十年级。明天是他的生日。

tā de shēng rì shì shí yī yuè qī hào zhù tā shēng rì kuài lè
A: 他的生日是十一月七号。祝他生日快乐！

xiè xie
B: 谢谢！

zhè ge rén shì shéi
A: 这个人是谁？

tā shì wǒ jiě jie
B: 她是我姐姐。

nǐ yǒu jǐ ge jiě jie
A: 你有几个姐姐？

wǒ yǒu liǎng ge jiě jie tā shì wǒ èr jiě
B: 我有两个姐姐。她是我二姐。

tā jīn nián duō dà le
A: 她今年多大了？

tā jīn nián shí sān suì
B: 她今年十三岁。

tā jīn nián shàng jǐ nián jí
A: 她今年上几年级？

bā nián jí
B: 八年级。

nà ge rén shì shéi
A: 那个人是谁？

……

你可以用

tā jiào shén me míng zi
a) 他叫什么名字？

tā jīn nián duō dà le
b) 他今年多大了？

tā jǐ suì le
c) 他几岁了？

tā shàng jǐ nián jí
d) 他上几年级？

tā de shēng rì shì jǐ yuè jǐ hào
e) 他的生日是几月几号？

zhè ge rén shì shéi
f) 这个人是谁？

nà ge rén shì shéi
g) 那个人是谁？

nǐ yǒu jiě jie ma nǐ yǒu jǐ ge jiě jie
h) 你有姐姐吗？你有几个姐姐？

nǐ gē ge hé jiě jie dōu shì zhōng xué shēng ma
i) 你哥哥和姐姐都是中学生吗？

- 老师可先结合自己的全家福简单介绍一下家人，将重点句型列在PPT上。
- 学生结合PPT上的重点句型和“你可以用”中的提示，两人一组练习对话。

教学建议

- 可先领读2-3遍，让学生熟悉课文内容。
- 老师和学生分角色朗读。
- 串讲结束后根据课文内容提问，检验学生的掌握情况。可以让学生分组练习并上前展示。

课文2 32

zhè ge rén shì shéi
这个人是谁？

tā shì wǒ gē ge　tā shì dà xué shēng
他是我哥哥。他是大学生。
tā jīn nián shí jiǔ suì
他今年十九岁。

nà ge rén shì shéi
那个人是谁？

tā shì wǒ mèi mei　tā shì xiǎo xué shēng　tā jīn nián shí suì
她是我妹妹。她是小学生。她今年十岁。

zhè shì nǐ jiě jie ma
这是你姐姐吗？

tā shì wǒ jiě jie　tā shì zhōng xué shēng　tā jīn nián shàng shí yī nián jí　nǐ yǒu xiōng dì jiě mèi ma
她是我姐姐。她是中学生。她今年上十一年级。你有兄弟姐妹吗？

wǒ yǒu yí ge jiě jie　yí ge gē ge hé yí ge mèi mei
我有一个姐姐、一个哥哥和一个妹妹。

nǐ jiě jie hé gē ge dōu shì zhōng xué shēng ma
你姐姐和哥哥都是中学生吗？

wǒ jiě jie shì dà xué shēng,　wǒ gē ge shì zhōng xué shēng
我姐姐是大学生，我哥哥是中学生。

nǐ mèi mei jǐ suì le
你妹妹几岁了？

tā jiǔ suì　tā shì xiǎo xué shēng
她九岁。她是小学生。

4 学偏旁部首

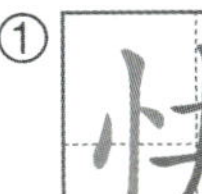

① 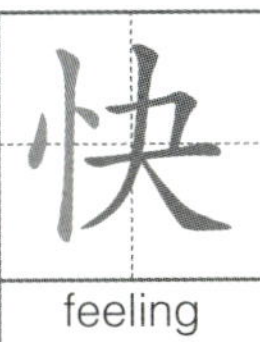
feeling

② 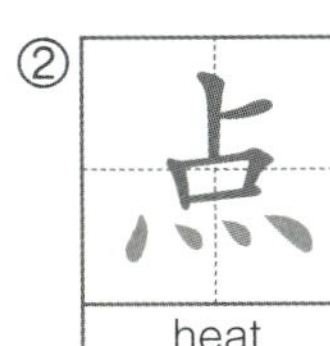
heat

③ 
rain

④ 
long knife

⑤ 
sheep

⑥ 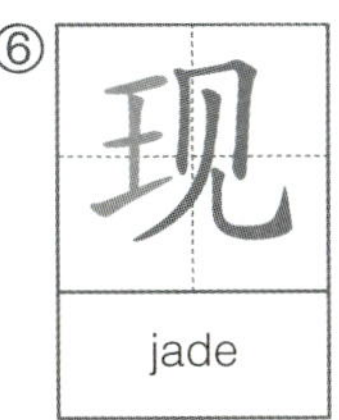
jade

⑦ 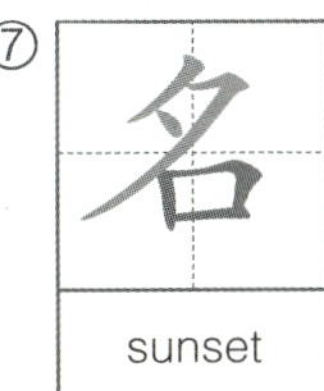
sunset

⑧ 
roof with chimney

5 听录音，选择正确答案 33

① 她 ____。
a) 有兄弟姐妹
b) 没有哥哥
c) 有两个哥哥

② 她 ____。
a) 哥哥十九岁
b) 姐姐十九岁
c) 弟弟九岁

③ 她哥哥上 ____。
a) 中学二年级
b) 大学二年级
c) 八年级

④ 他 ____。
a) 有一个弟弟
b) 没有姐姐
c) 有一个妹妹

⑤ 他姐姐 ____ 岁，上 ____ 年级。
a) 十五、十
b) 十六、十
c) 十六、十一

⑥ 他弟弟 ____ 岁，上 ____ 年级。
a) 八、三
b) 八、四
c) 十二、八

教学建议

- 先简单复习之前学过的部首。
- 展示新部首时，讲解意义并给出例字。

第 4 题　补充练习

说出以下汉字的偏旁部首：慢、雷、多、宝、削、热、羞、珍

教学建议

- 听 2-3 遍录音，提示学生做笔记。
- 完成练习后，对答案。再听一遍，引导学生听一句复述一句。

教学建议

- 听录音跟读“一起读”，随着节奏背诵。
- 简单复习时间表达法，每图可找 2-3 名学生回答。
- 适当扩展，用句型“我们几点见？”练习部分图片，还可以转问其他学生“他们几点见？”。

6 说时间

zǎo shang
早上

例子：

zǎo shang liù diǎn bàn
早上六点半

1
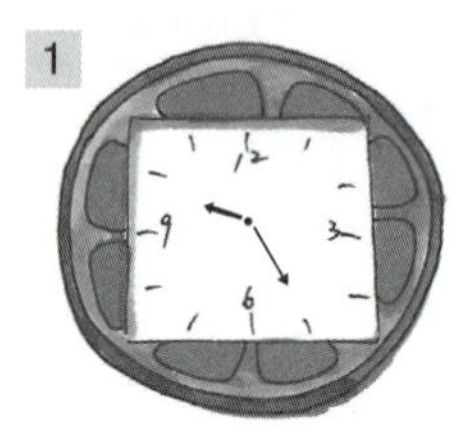

wǎn shang
晚上
九点二十五（分）

2
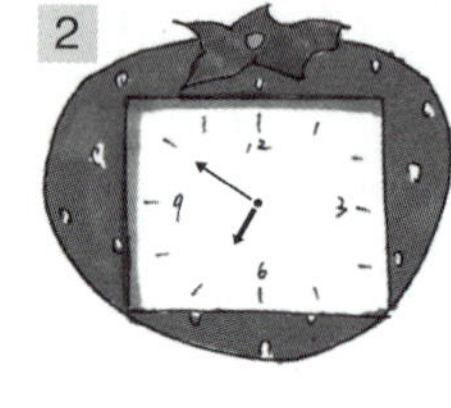

zǎo shang
早上
六点五十（分）

3

shàng wǔ
上午
十点三十五（分）

4

zhōng wǔ
中午
十二点一刻

5
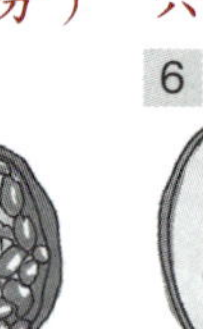

zǎo shang
早上
五点四十（分）

6
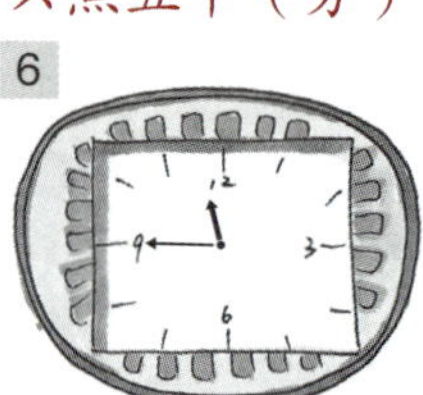

wǎn shang
晚上
十一点三刻

7

shàng wǔ
上午
九点五十五（分）

8
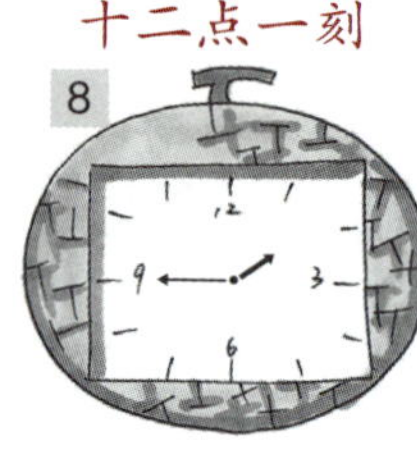

xià wǔ
下午
一点三刻

9

wǎn shang
晚上
八点零五分

10

xià wǔ
下午
两点三刻

一起读！

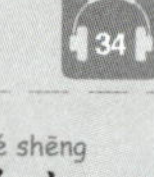

zhè ge rén shì dà xué shēng, tā shì dà xué shēng
这个人是大学生，他是大学生。

zhè ge rén shì wǒ gē ge, tā shì wǒ gē ge
这个人是我哥哥，他是我哥哥。

zhè ge rén shì zhōng xué shēng, tā shì zhōng xué shēng
这个人是中学生，她是中学生。

zhè ge rén shì wǒ jiě jie, tā shì wǒ jiě jie
这个人是我姐姐，她是我姐姐。

7 活动

这样做

- 两人一组。
- 在规定的时间里记住下面的偏旁部首。
- 老师给学生听写。
- 写对最多的组胜出。

偏旁部首：

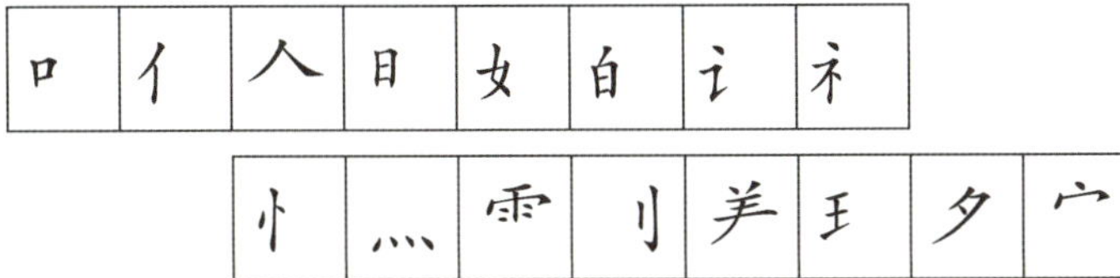

口	亻	人	日	女	白	讠	礻
忄	灬	雨	刂	羊	王	夕	宀

8 口头报告

Talk about yourself and your family.

例子：

wǒ jiào wáng xīng wǒ jīn nián shí èr suì shàng qī nián jí
我叫王星。我今年十二岁，上七年级。

wǒ jiā yǒu wǔ kǒu rén bà ba mā ma jiě jie dì di hé wǒ wǒ jiě jie shì dà xué shēng wǒ shì zhōng xué shēng wǒ dì di shì xiǎo xué shēng
我家有五口人：爸爸、妈妈、姐姐、弟弟和我。我姐姐是大学生。我是中学生。我弟弟是小学生。

教学建议

- 带领学生复习部首的写法和意义。
- 将部首及意义写在卡片上，把意义贴在前面，让学生找到对应的部首卡片贴在下面，比一比谁找得最快。
- 可进行听写，看谁写对的最多。

教学建议

- 可作为作业，让学生自己根据例子准备，再上课时带着家庭照片上前展示。
- 可将口头报告变成段落写作，让学生仿照例子写一段真实的介绍。

第六课　他长什么样

教学目标

1. 掌握形容词“长、短、高、矮、胖、瘦”，形容词重叠、“得”。
2. 继续学习汉字偏旁部首。
3. 询问并描述他人长相。

教学重点

1. 生词重点：很、短、长、高、矮、胖、瘦、得
2. 短语重点：长什么样、上学、还没
3. 语言点重点：形容词谓语句；形容词重叠；“得”的用法
4. 交际重点：询问并描述他人的样子。

教学提示

1. 形容词谓语句

形容词谓语句是指形容词作谓语的句子。汉语中形容词可直接作谓语，前面不需要加“是”等动词。

结构： 主语 + 很 + 形容词

示例： 我很高兴。

他的眼睛很大。

注意： 形容词作谓语时，如果是陈述句，形容词前一般要加“很”一类的副词，这种情况下，“很”表示程度高的意义已经比较淡了。

2. 形容词重叠

汉语中的部分形容词可以重叠，一般表示程度的加深。本课主要涉及单音节形容词的重叠，即“A–AA”形式。

示例： 高 – 高高

长 – 长长

注意： 形容词重叠后可以作谓语或补语。重叠后一般加“的”。

示例： 他长得高高的。

她的眼睛大大的。

注意： 重叠后的形容词不能再受其他副词修饰。

3. 得

放在动词后，连接程度或状态的补语。

结构： 动词 + 得 + 补语

示例： 他长得高高的。

她跑得很快。

教学流程

1. 复习上节课所学的家庭成员引入新课。
2. 练习 1 可在学习完生词 1 生词后进行，也可穿插在生词学习的过程中。
3. 练习 2 可在学习完课文 1 后进行。
4. 课文 2 后的练习多为成段表达的内容，要注意培养学生成段表达的能力。
5. 第 5 题和第 8 题是汉字练习，建议放在一起单独学习。

第六课　他长什么样

生词教学

- 借助图片展示人体部位。结合上节课学习的"有"字句，引导学生描述图片中人物的样子。
- 学习"长""短"时，同时复习"大""小"，利用相关词汇描述图片中的人物。
- 可以利用录音、PPT 和生词卡片练习生词。

生词 1 35

1. 眼 (yǎn) eye
2. 睛 (jīng) eyeball　眼睛 (yǎn jing) eye　他有大眼睛。(tā yǒu dà yǎn jing)
3. 鼻 (bí) nose
4. 子 (zi) a suffix　鼻子 (bí zi) nose
5. 嘴 (zuǐ) mouth
6. 巴 (ba) a suffix　嘴巴 (zuǐ ba) mouth
7. 耳 (ěr) ear　耳朵 (ěr duo) ear
8. 头（頭）(tóu) head
9. 发（髮）(fà) hair　头发 (tóu fa) hair
10. 很 (hěn) very
11. 短 (duǎn) short (in length)　他的头发很短。(tā de tóu fa hěn duǎn)

    Grammar: a) Sentence Pattern: Subject + 很 + Adjective
    b) In this case, "很" loses its original meaning "very".

12. 长（長）(cháng) long　她的头发不长也不短。(tā de tóu fa bù cháng yě bù duǎn)
13. 长 (zhǎng) grow
14. 样（樣）(yàng) appearance　你哥哥长什么样？(nǐ gē ge zhǎng shén me yàng)

50

1 模仿例子，看图说话

例子：

dà tóu
大头

①

大鼻子

②

大嘴巴

③

长头发

④

大眼睛

⑤

大耳朵

教学建议

- 同一张图片鼓励学生用不同句型回答，如“他有大眼睛。”“他的眼睛很大。”

2 活动

这样做

- 两人一组。
- 同学1描述他/她的一个兄弟姐妹的样子。
- 同学2一边听一边画像。

你可以用

a) tā yǒu dà yǎn jing　xiǎo bí zi hé xiǎo zuǐ ba
他有大眼睛、小鼻子和小嘴巴。

b) tā de yǎn jing bú dà
他的眼睛不大。

c) tā de tóu fa bù cháng yě bù duǎn
她的头发不长也不短。

d) tā de tóu fa hěn cháng
她的头发很长。

教学建议

- 老师可利用PPT展示句子主干作为提示。
- 可以准备一些人物图片发给学生。分组时，每个小组由一名有图片的学生和一名没图片的学生组成。有图片的学生描述，没图片的学生画图。

教学建议

- 先领读2-3遍，让学生熟悉课文内容。
- 老师可结合课本插画，帮助学生理解课文内容。
- 可以根据课文内容提问，检验学生的理解情况。

课文 1

36

nǐ yǒu xiōng dì jiě mèi ma
你有兄弟姐妹吗？

wǒ yǒu xiōng dì jiě mèi
我有兄弟姐妹。

nǐ yǒu jǐ ge xiōng dì jiě mèi
你有几个兄弟姐妹？

wǒ yǒu yí ge gē ge hé yí ge mèi mei
我有一个哥哥和一个妹妹。

nǐ gē ge zhǎng shén me yàng
你哥哥长什么样？

tā yǒu dà yǎn jing dà bí zi xiǎo zuǐ ba hé dà ěr duo tā de tóu fa hěn duǎn
他有大眼睛、大鼻子、小嘴巴和大耳朵。他的头发很短。

nǐ mèi mei zhǎng shén me yàng
你妹妹长什么样？

tā yǒu xiǎo yǎn jing xiǎo bí zi hé xiǎo zuǐ ba tā de tóu fa bù cháng yě bù duǎn
她有小眼睛、小鼻子和小嘴巴。她的头发不长也不短。

52

3 模仿例子，编对话

例子：

tā jiào shén me míng zi
A: 他叫什么名字？

tā jiào lǐ míng
B: 他叫李明。

tā jīn nián duō dà le
A: 他今年多大了？

tā jīn nián shí yī suì
B: 他今年十一岁。

tā shàng jǐ nián jí
A: 他上几年级？

liù nián jí
B: 六年级。

tā de shēng rì shì jǐ yuè jǐ hào
A: 他的生日是几月几号？

wǔ yuè èr hào
B: 五月二号。

tā zhǎng shén me yàng
A: 他长什么样？

……

你可以用

tā yǒu cháng tóu fa
a) 他有长头发。

tā de tóu fa bù cháng yě bù duǎn
b) 她的头发不长也不短。

tā de yǎn jing bú dà
c) 他的眼睛不大。

tā yǒu dà yǎn jing xiǎo bí zi hé xiǎo zuǐ ba
d) 她有大眼睛、小鼻子和小嘴巴。

一起唱！

yǎn jing bí zi zuǐ ba ěr duo tóu fa
眼睛、鼻子、嘴巴，耳朵、头发。

yǎn jing bí zi zuǐ ba ěr duo tóu fa
眼睛、鼻子、嘴巴，耳朵、头发。

教学建议

- “一起唱”时，让学生边说边指身体部位。
- 可以给出“姓名”“年龄”“年级”“生日”“样子（眼睛、头发、嘴……）”等提示。
- 可分小组比赛，在规定时间内看哪一组进行的问答最多。

生词教学

- 生词 2 主要是学习形容词，在学习新词的同时注意复习之前所学的形容词，可以通过图片描述、填空进行练习。
- 大、小：在本课是表示年龄长幼的新用法。
- 注意区别“得”和“的”。
- 可以利用录音、PPT 和生词卡片练习生词。

生词 2 

❶ liǎn 脸（臉） face

❷ yuán 圆（圓） round　tā de liǎn yuán yuán de 他的脸圆圆的。= tā yǒu yuán yuán de liǎn 他有圆圆的脸。

> Grammar: a) Adjectives are repeated to indicate a higher degree.
> b) Pattern: Adjective + Adjective + 的

❸ gāo 高 tall; high　❹ ǎi 矮 short (of stature)　❺ pàng 胖 fat; plump　❻ shòu 瘦 thin; slim

❼ de 得 a particle　tā zhǎng de gāo gāo de 他长得高高的。

> Grammar: a) “得” can be put between a verb and a complement of degree.
> b) Pattern: Verb + 得 + Adjective + Adjective + 的

❽ dà 大 eldest　dà dì di 大弟弟 eldest younger brother　wǒ dà dì di jīn nián bā suì 我大弟弟今年八岁。

❾ xiǎo 小 youngest　xiǎo dì di 小弟弟 youngest younger brother　wǒ xiǎo dì di zhǎng de ǎi ǎi de、pàng pàng de 我小弟弟长得矮矮的、胖胖的。

❿ shàng xué 上学 attend school; go to school

⓫ hái 还 still　hái méi 还没 not yet　wǒ xiǎo dì di hái méi shàng xué 我小弟弟还没上学。

4 模仿例子，编对话

朵朵
中学生
八年级

例子：

duǒ duo zhǎng shén me yàng
A: 朵朵长什么样？

tā de tóu fa bù cháng yě bù duǎn tā yǒu dà dà de yǎn jing gāo gāo de bí zi hé dà dà de zuǐ ba tā zhǎng de bú pàng bú shòu bù gāo bù ǎi
B: 她的头发不长也不短。她有大大的眼睛、高高的鼻子和大大的嘴巴。她长得不胖不瘦，不高不矮。

tā jīn nián shàng jǐ nián jí
A: 她今年上几年级？

tā shàng bā nián jí tā shì zhōng xué shēng
B: 她上八年级。她是中学生。

①

圆圆
小学生
四年级

②

小星
中学生
七年级

你可以用

tā shì zhōng xué shēng
a) 他是中学生。

tā shàng qī nián jí
b) 他上七年级。

tā yǒu dà yǎn jing hé gāo bí zi
c) 他有大眼睛和高鼻子。

tā de ěr duo dà dà de
d) 他的耳朵大大的。

tā zhǎng de gāo gāo de shòushòu de
e) 他长得高高的、瘦瘦的。

tā zhǎng de bú pàng bú shòu
f) 她长得不胖不瘦。

tā yǒu chángcháng de tóu fa
g) 她有长长的头发。

tā de tóu fa bù cháng yě bù duǎn
h) 他的头发不长也不短。

教学建议

- 可以老师问，学生回答；也可以学生互问互答。
- 在回答“长什么样”时，可从头发、眼睛、鼻子、嘴巴等方面提示学生，鼓励学生自己造更多句子。

教学建议

- 教师可通过提问的方式检验学生的理解情况，如“高明有几个弟弟？”“大弟弟上几年级？”等。
- 学生可根据课文内容为高明和两个弟弟画像。

课文 2 

wǒ jiào gāo míng wǒ yǒu liǎng ge dì di wǒ dà dì di jīn nián bā suì shàng sì nián jí wǒ xiǎo dì di jīn nián sì suì hái méi shàng xué

我叫高明。我有两个弟弟。我大弟弟今年八岁，上四年级。我小弟弟今年四岁，还没上学。

wǒ dà dì di zhǎng de gāo gāo de shòu shòu de tā de tóu dà dà de liǎn yuán yuán de wǒ xiǎo dì di zhǎng de ǎi ǎi de pàng pàng de tā de yǎn jing hé bí zi dōu xiǎo xiǎo de

我大弟弟长得高高的、瘦瘦的。他的头大大的，脸圆圆的。我小弟弟长得矮矮的、胖胖的。他的眼睛和鼻子都小小的。

56

5 学偏旁部首

① 
mountain

② 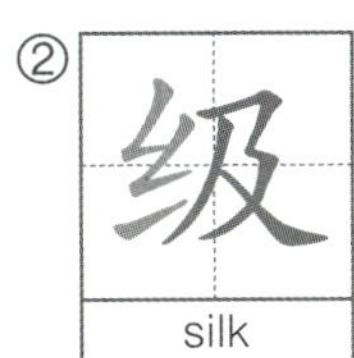
silk

③ 
ear

④ 
flesh

⑤ 
heart

⑥ 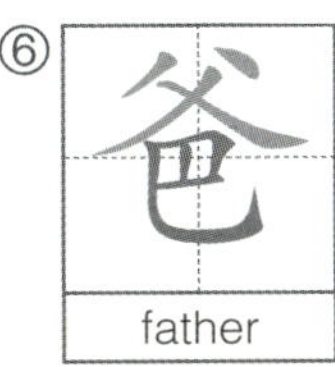
father

⑦ 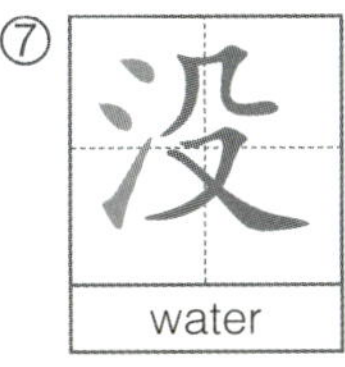
water

⑧ 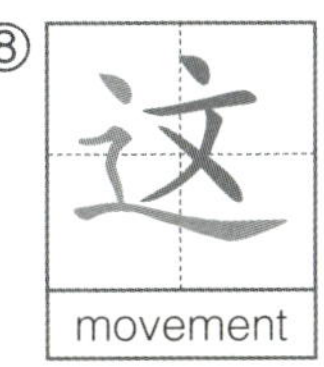
movement

6 活动

你可以用

a) 她长得高高的、瘦瘦的。(tā zhǎng de gāo gāo de、shòushòu de)

b) 她长得矮矮的、胖胖的。(tā zhǎng de ǎi ǎi de、pàngpàng de)

c) 她长得不胖也不瘦。(tā zhǎng de bú pàng yě bú shòu)

d) 她的头发长长的。(tā de tóu fa chángcháng de)

e) 她有圆圆的脸。(tā yǒu yuányuán de liǎn)

这样做

- 两人一组。
- 同学 1 说出班上某位同学的三个样貌特征。
- 同学 2 要猜出这位同学是谁。

教学建议

- 先简单复习之前学过的部首。
- 展示新部首时，讲解意义并给出例字。

第 5 题　补充练习

说出以下汉字的偏旁部首：红、胖、爷、沙、边、那、崇、想

教学建议

- 老师可以先示范，学生来猜老师描述的是班上哪位同学。

教学建议

- 听 2-3 遍录音，学生完成练习后，对答案。
- 再听一遍，引导学生听一句复述一句。
- 复述后，可根据学生水平再提一些问题，让学生口头回答。

第 7 题　补充练习

1. 他的眼睛大吗？
2. 她的鼻子什么样？
3. 他瘦吗？
4. 哥哥长什么样？
5. 妹妹是中学生吗？
6. 姐姐高吗？

教学建议

- 学生两人一组，老师分发偏旁部首和意义的卡片，让学生将偏旁部首和意义匹配，比一比哪组完成得又快又好。
- 还可进行听写，看谁写对的最多。

7 听录音，选择正确答案 39

① 他有 ____。
a) 大眼睛
b) 小嘴巴
c) 短头发 (circled)

② 她 ____。
a) 不胖不瘦
b) 有长头发
c) 有大眼睛 (circled)

③ 他 ____。
a) 长得高高的 (circled)
b) 长得胖胖的
c) 有大大的鼻子

④ 哥哥 ____。
a) 有小鼻子
b) 有长头发
c) 长得矮矮的 (circled)

⑤ 妹妹 ____。
a) 长得瘦瘦的
b) 有短头发
c) 有高鼻子 (circled)

⑥ 姐姐 ____。
a) 有长头发 (circled)
b) 很矮、很瘦
c) 有小嘴巴

8 活动

这样做

- 每个学生在规定的时间里记住下面的偏旁部首。
- 老师给学生听写。
- 写完后跟同桌订正。
- 全部写对的学生胜出。

偏旁部首：

口	亻	人	日	月	白	讠	衤	忄	灬

雨	刂	羊	王	夕	宀	山	纟	阝	女	心	父	氵	辶

9 读一读

1) nǎi nai
2) zǒu lù
3) yào shi
4) shuì jiào
5) jiāo shū
6) ruì shì
7) mèi mei
8) jiǔ shí
9) yǒu hǎo
10) zǎo fàn
11) qiǎo kè lì
12) xiǎo xué shēng

一起读! 40

wǒ bù gāo, yě bù ǎi.
我不高，也不矮。
wǒ bú pàng, yě bú shòu.
我不胖，也不瘦。
tóu fa bù cháng yě bù duǎn,
头发不长也不短，
yǎn jing bú dà yě bù xiǎo.
眼睛不大也不小。

教学建议

- 教师可领读，学生跟读，也可直接让学生单个读。
- 可以分小组，每组读若干个，注意纠音。

10 口头报告

Introduce your family members and describe their appearance.

例子：

wǒ jiào wáng dà yǒu. wǒ jīn nián shí yī suì, shàng liù nián jí.
我叫王大有。我今年十一岁，上六年级。
wǒ jiā yǒu liù kǒu rén: bà ba、mā ma、dà gē、èr gē、mèi mei hé wǒ.
我家有六口人：爸爸、妈妈、大哥、二哥、妹妹和我。
wǒ dà gē hé èr gē dōu shì zhōng xué shēng. wǒ shì xiǎo xué shēng. wǒ mèi mei hái méi shàng xué.
我大哥和二哥都是中学生。我是小学生。我妹妹还没上学。
wǒ dà gē zhǎng de gāo gāo de、pàng pàng de. tā de tóu fa duǎn duǎn de, liǎn cháng cháng de, bí zi gāo gāo de. tā de yǎn jing dà dà de, zuǐ ba yě dà dà de.
我大哥长得高高的、胖胖的。他的头发短短的，脸长长的，鼻子高高的。他的眼睛大大的，嘴巴也大大的。

……

教学建议

- 可作为家庭作业完成，下节课展示。
- 根据学生水平给提示，提示可以是段落的主干，也可以是介绍需要包含的几个方面，如姓名、年龄、家庭、样子等。

第七课　我是中国人

教学目标

1. 掌握亲属称谓“爷爷、奶奶、外公、外婆”。
2. 掌握介词结构“在 + 某地”的用法。
3. 能够口头介绍自己及家人的国籍、出生和成长背景。
4. 继续学习汉字偏旁部首。

教学重点

1. 生词重点：X 国、在、哪儿、每、但是、家
2. 短语重点：哪国人、住在哪儿、独生子、独生女、每天、一家人
3. 语言点重点：在 + 某地
4. 交际重点：询问并简单介绍国籍、出生和成长背景。

教学提示

在 + 某地

介词短语“在 + 某地”通常在句中作状语或补语。

生词 1 中，“在 + 某地”放在动词“住”后作补语。

结构：主语 + 住 + 在 + 某地

示例：我住在中国。

王家明住在美国。

生词 2 中，“在 + 某地”放在动词前作状语，表示动作发生的地点。

结构：主语 + 在 + 某地 + 谓语

示例：我在北京出生。

王月在学校上学。

注意：“在 + 某地”在句中的成分不同，位置则不同。使用时注意语序。

教学流程

1. 通过复习家庭成员词汇导入新课。
2. 完成生词 1 后，总结新学习的句型，练习第 1 题。
3. 学习生词 2 中的国家后，完成第 5 题。
4. 第 7 题可在学习完生词和句型后进行，可作为学习课文前的过渡。
5. 第 4 题属于汉字练习，可单独进行。
6. 第 8 题建议留作作业，让学生课后完成。学生可以通过语音或小视频的方式做口头报告，提交给老师或上传到班级内部网站上。

第七课　我是中国人

生词教学

- 本课进一步丰富了家庭成员的表达，可以复习之前学过的生词。全部学习完以后，可以让学生画家庭树。
- 注意"哪"和"哪儿"的用法以及汉语疑问句中疑问代词的位置。
- 讲"他们"时可复习已学的其他人称代词。
- 可以利用录音、PPT和生词卡片练习生词。

生词 1

1. wài 外 related through one's mother's, sister's or daughter's side of the family
2. gōng 公 an elderly man　wài gōng 外公 mother's father
3. pó 婆 an elderly woman　wài pó 外婆 mother's mother
4. yé 爷（爺）ye 爷 father's father
5. nǎi nai 奶奶 father's mother
6. guó 国（國）country　zhōng guó 中国 China　zhōng guó rén 中国人 Chinese (people)　wǒ shì zhōng guó rén 我是中国人。
7. měi guó 美国 United States of America　měi guó rén 美国人 American (people)
8. yīng guó 英国 Britain　yīng guó rén 英国人 British
9. fǎ guó 法国 France　fǎ guó rén 法国人 French (people)
10. dé guó 德国 Germany　dé guó rén 德国人 German (people)
11. zhù 住 live
12. zài 在 in; on; at　wǒ yé ye nǎi nai zhù zài měi guó 我爷爷、奶奶住在美国。

Grammar: Sentence Pattern: Subject + 住 + 在 + Place Word

13. nǎ 哪 which; what　nǎ guó rén 哪国人 what nationality　nǐ wài gōng wài pó shì nǎ guó rén 你外公、外婆是哪国人？
14. ér 儿（兒）a suffix　nǎr 哪儿 where
15. tā men 他们 they; them　tā men xiàn zài zhù zài nǎr 他们现在住在哪儿？
16. duì 对（對）correct

60

1 模仿例子，编对话

例子：

爷爷：美国人
奶奶：英国人
美国

tā shì shéi
A: 他是谁？

tā shì wǒ yé ye
B: 他是我爷爷。

tā shì nǎ guó rén
A: 他是哪国人？

tā shì měi guó rén
B: 他是美国人。

tā shì nǐ nǎi nai ma
A: 她是你奶奶吗？

duì tā shì wǒ nǎi nai
B: 对，她是我奶奶。

tā shì nǎ guó rén
A: 她是哪国人？

tā shì yīng guó rén
B: 她是英国人。

tā men xiàn zài zhù zài nǎr
A: 他们现在住在哪儿？

tā men xiàn zài zhù zài měi guó
B: 他们现在住在美国。

①

爷爷：中国人
奶奶：法国人
中国

外公：英国人
外婆：德国人
英国

教学建议

- 先带领学生完成例子，可以老师提问，学生来回答。然后分组完成练习，老师可根据学生水平给适当的提示。

教学建议

- 教师领读2-3遍后，学生两人一问一答练习。
- 老师可以通过提问来检测学生是否理解了课文意思，如“他爸爸、妈妈是哪国人？”“爷爷是英国人吗？”“外公、外婆现在住在哪儿？”等。
- 学习课文后，可以展示一些其他的家庭照片，让学生仿照课文做对话练习。

课文 1

42

1

nǐ shì nǎ guó rén
你是哪国人？

wǒ shì zhōng guó rén
我是中国人。

nǐ bà ba mā ma dōu shì zhōng guó rén ma
你爸爸、妈妈都是中国人吗？

duì tā men dōu shì zhōng guó rén
对，他们都是中国人。

2

tā men shì shéi
他们是谁？

wǒ yé ye nǎi nai
我爷爷、奶奶。

tā men shì nǎ guó rén
他们是哪国人？

wǒ yé ye shì měi guó rén nǎi nai shì dé guó rén
我爷爷是美国人，奶奶是德国人。

tā men xiàn zài zhù zài nǎr
他们现在住在哪儿？

tā men zhù zài měi guó
他们住在美国。

tā men shì nǐ wài gōng wài pó ma
他们是你外公、外婆吗？

duì
对。

tā men shì nǎ guó rén
他们是哪国人？

wǒ wài gōng shì yīng guó rén wài pó shì fǎ guó rén tā men xiàn zài zhù zài yīng guó
我外公是英国人，外婆是法国人。他们现在住在英国。

2 模仿例子，看图说话

例子：

tā jiào wáng xué yǒu tā jīn nián bā suì shàng xiǎo xué sān nián jí tā zhǎng de gāo gāo de shòu shòu de tā yǒu dà dà de yǎn jing xiǎo xiǎo de bí zi hé dà dà de zuǐ ba tā de tóu fa bù cháng yě bù duǎn tā zhù zài dé guó

他叫王学友。他今年八岁，上小学三年级。他长得高高的、瘦瘦的。他有大大的眼睛、小小的鼻子和大大的嘴巴。他的头发不长也不短。他住在德国。

①

②

你可以用

a) 她叫小英子。（tā jiào xiǎo yīng zi）
b) 他是小学生。（tā shì xiǎo xué shēng）
c) 他还没上学。（tā hái méi shàng xué）
d) 她的脸圆圆的。（tā de liǎn yuán yuán de）
e) 她有小小的眼睛。（tā yǒu xiǎo xiǎo de yǎn jing）
f) 她的头发长长的。（tā de tóu fa cháng cháng de）
g) 她长得矮矮的。（tā zhǎng de ǎi ǎi de）
h) 他长得不胖也不瘦。（tā zhǎng de bú pàng yě bú shòu）

一起读！ 43

nǐ yé ye、nǎi nai shì nǎ guó rén? tā men shì nǎ guó rén?
你爷爷、奶奶是哪国人？他们是哪国人？
tā men dōu shì dé guó rén, dōu shì dé guó rén.
他们都是德国人，都是德国人。
nǐ wài gōng、wài pó shì nǎ guó rén? tā men shì nǎ guó rén?
你外公、外婆是哪国人？他们是哪国人？
tā men dōu shì yīng guó rén, dōu shì yīng guó rén.
他们都是英国人，都是英国人。

- 老师先带领学生完成例子，可以用提问的方式让学理解要说哪些内容，如姓名、年龄、年级、相貌、国籍等等。
- 学生两人一组完成另外两题，两人可分工负责要说的方面。练习熟练后可向班级展示。

生词教学

- 学习新的国别词汇时，可先复习旧词。
- **独生子/女：**简单介绍中国之前的独生子女政策和现在的二胎政策，问问学生的情况。
- **每：**常与“都”搭配使用，提醒学生“都”在句中的位置。
- **每天：**可以扩展“每个”“每人”等。
- **但是：**表示转折。可以造句子帮助学生理解。如“我爷爷是美国人，但是我奶奶是中国人。”“我有一个哥哥，但是我没有弟弟。”等。
- 可以利用录音、PPT和生词卡片练习生词。

生词 2 (44)

1. 西班牙 (xī bān yá) Spain　西班牙人 (xī bān yá rén) Spanish (people)
2. 俄罗(羅)斯 (é luó sī) Russia　俄罗斯人 (é luó sī rén) Russian (people)
3. 日本 (rì běn) Japan　日本人 (rì běn rén) Japanese (people)
4. 新加坡 (xīn jiā pō) Singapore　新加坡人 (xīn jiā pō rén) Singaporean
5. 同 (tóng) same　同学 (tóng xué) schoolmate　马小星是我的同学。(mǎ xiǎo xīng shì wǒ de tóng xué)
6. 一半 (yí bàn) one half　她一半是西班牙人，一半是日本人。(tā yí bàn shì xī bān yá rén, yí bàn shì rì běn rén)
7. 独(獨) (dú) only
8. 女 (nǚ) daughter　独生女 (dú shēng nǚ) only daughter
9. 子 (zǐ) son　独生子 (dú shēng zǐ) only son
10. 在 (zài) to be in, on or at
11. 一起 (yì qǐ) together
12. 每 (měi) every　每天 (měi tiān) every day　我们三个人每天都在一起。(wǒ men sān ge rén měi tiān dōu zài yì qǐ)

    Grammar: “都” is always used with “每”.
13. 但 (dàn) but　但是 (dàn shì) but
14. 长大 (zhǎng dà) grow up　他在美国出生，但是在德国长大。(tā zài měi guó chū shēng, dàn shì zài dé guó zhǎng dà)

    Grammar: Sentence Pattern: Subject + Place Word + Verb
15. 家 (jiā) a measure word (used for families or enterprises)

    一家人 (yì jiā rén) one family　他们一家人现在住在中国。(tā men yì jiā rén xiàn zài zhù zài zhōng guó)

3 用所给问题编对话

nǐ yǒu jǐ ge hǎo péng you
1) 你有几个好朋友？

nǐ de hǎo péng you jiào shén me míng zi
2) 你的好朋友叫什么名字？

tā tā jīn nián duō dà le
3) 他/她今年多大了？

tā tā de shēng rì shì jǐ yuè jǐ hào
4) 他/她的生日是几月几号？

tā tā zài nǎr chū shēng
5) 他/她在哪儿出生？

tā tā zài nǎr zhǎng dà
6) 他/她在哪儿长大？

tā tā jīn nián shàng jǐ nián jí
7) 他/她今年上几年级？

tā tā zhǎng shén me yàng
8) 他/她长什么样？

tā tā bà ba shì nǎ guó rén
9) 他/她爸爸是哪国人？

tā tā mā ma shì nǎ guó rén
10) 他/她妈妈是哪国人？

tā tā shì dú shēng zǐ nǚ ma
11) 他/她是独生子/女吗？

tā tā yǒu gē ge ma yǒu jǐ ge
12) 他/她有哥哥吗？有几个？

你可以用

wǒ yǒu sān ge hǎo péng you
a) 我有三个好朋友。

yí ge péng you jiào xiǎo tiān
b) 一个朋友叫小天。

tā jīn nián shí suì
c) 他今年十岁。

tā de shēng rì shì shí yuè liù hào
d) 他的生日是十月六号。

tā zài zhōng guó chū shēng zài měi guó zhǎng dà
e) 他在中国出生，在美国长大。

tā bà ba mā ma dōu shì zhōng guó rén
f) 他爸爸、妈妈都是中国人。

tā bú shì dú shēng nǚ tā yǒu yí ge mèi mei
g) 她不是独生女。她有一个妹妹。

tā méi yǒu gē ge dàn shì tā yǒu yí ge dì di
h) 他没有哥哥，但是他有一个弟弟。

tā zhǎng de hěn gāo tā yǒu dà dà de yǎn jing
i) 他长得很高。他有大大的眼睛。

65

教学建议

- 可以采用轮换的方式进行问答训练：学生面对面站成两排，两两一组在规定时间里按题目顺序互相问答，时间到了以后都向右一步换新的问答对象，新的小组以速度较慢的一方为准继续问答，直到问完所有问题。

教学建议

- 课文重点培养学生的书面语交际能力。
- 可以在讲解完课文后，根据课文内容提问，检验学生理解情况。让学生填写去掉了重点词语和核心语言点的课文，做完型填空。可以提供不同难度的完型填空让学生根据自己的水平自行选择。
- 可以让学生根据实际情况仿照课文描述自己的一个朋友。

课文 2 45

mǎ xiǎo xīng shì wǒ de tóng xué
马小星是我的同学。
tā bà ba shì é luó sī rén, mā ma shì xīn jiā pō rén。 tā shì dú shēng zǐ。 tā zài měi guó chū shēng, dàn shì zài dé guó zhǎng dà。 tā men yì jiā rén xiàn zài zhù zài zhōng guó
他爸爸是俄罗斯人，妈妈是新加坡人。他是独生子。他在美国出生，但是在德国长大。他们一家人现在住在中国。

lǐ yīng yě shì wǒ de tóng xué tā yí bàn shì xī bān yá rén, yí bàn shì rì běn rén。 tā shì dú shēng nǚ。 tā zài yīng guó chū shēng, dàn shì zài fǎ guó zhǎng dà。 tā men yì jiā rén xiàn zài zhù zài zhōng guó
李英也是我的同学。她一半是西班牙人，一半是日本人。她是独生女。她在英国出生，但是在法国长大。他们一家人现在住在中国。

wǒ men sān ge rén měi tiān dōu zài yì qǐ
我们三个人每天都在一起。

4 学偏旁部首

① 

② 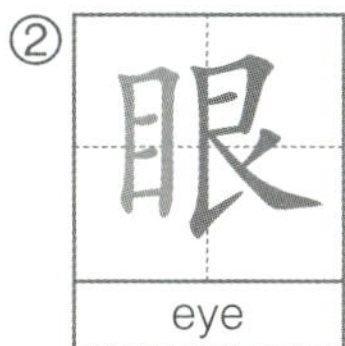

③ 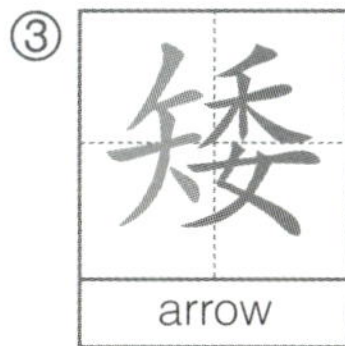

④ 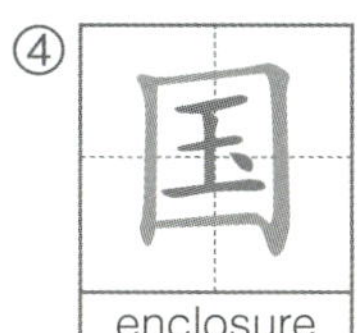

⑤ 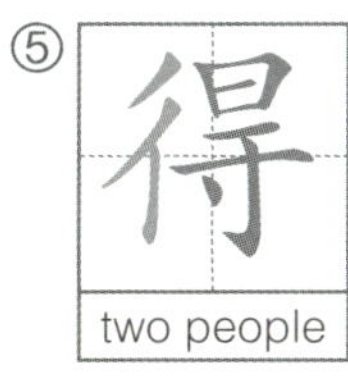

⑥ 

⑦ 

⑧ 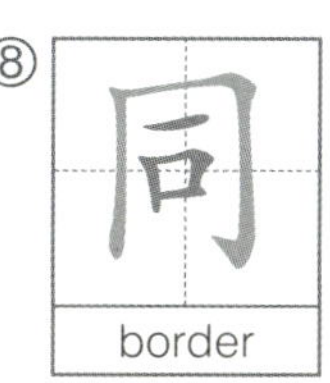

5 说出国家的名字

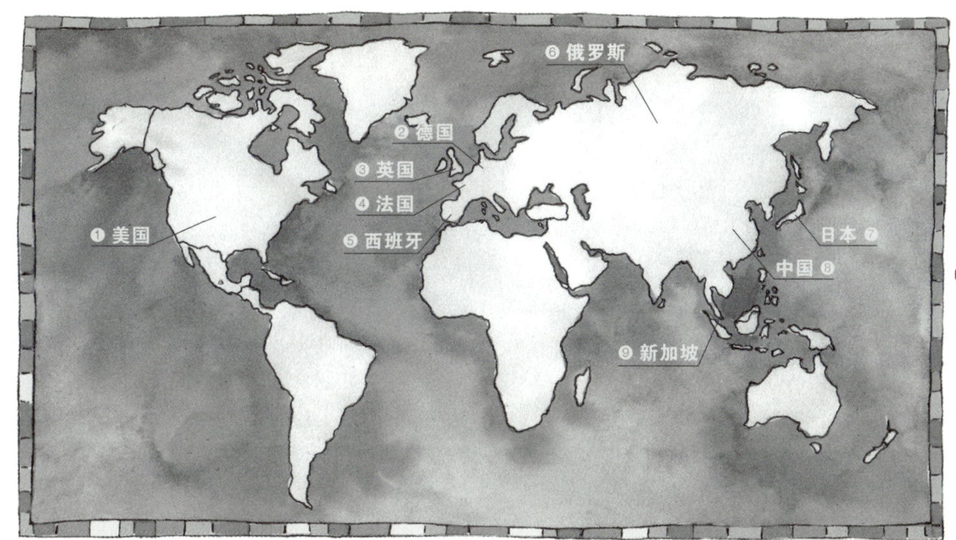

教学建议

- 复习学过的偏旁部首。展示新部首时，讲解意义并给出例字。
- 可以给出学过的所有偏旁部首，让学生在规定时间内写出尽可能多的含有该偏旁部首的字，写得最多的人获胜。

第 4 题　补充练习

说出以下汉字的偏旁部首：图、睛、病、英、冈、秆、短、行

教学建议

- 可以在 PPT 上展示地图，让学生指出自己的国家。
- 可以老师说国家名，学生指地图；也可老师指地图，学生说国家名。

教学建议

- 注意提示学生每段对话有两题。
- 听 2-3 遍录音，学生完成练习后，对答案。
- 再听一遍，引导学生听一句复述一句。
- 可再听一遍录音，口头问答。

第 6 题　补充练习

1. 她外公、外婆是美国人吗？
2. 他爷爷、奶奶都工作吗？
3. 王小美是谁？

教学建议

- 先带领学生熟读。
- 学生熟读后可以结合自己的实际情况，根据节奏改编。

6 听录音，选择正确答案 46

① 她外公是 ____，外婆是 ____。
a) 美国人，法国人
b) 法国人，美国人 (circled)
c) 英国人，法国人

② 她外公、外婆住在 ____。
a) 英国
b) 美国
c) 法国 (circled)

③ 他爷爷是 ____，奶奶是 ____。
a) 西班牙人，德国人
b) 美国人，英国人
c) 德国人，西班牙人 (circled)

④ 他 ____。
a) 爷爷工作 (circled)
b) 奶奶工作
c) 爷爷、奶奶都工作

⑤ 王小美 ____。
a) 今年十二岁 (circled)
b) 的妈妈不工作
c) 不住在北京

⑥ 她一半是 ____，一半是 ____。
a) 俄罗斯人，英国人
b) 中国人，法国人
c) 中国人，俄罗斯人 (circled)

7 读一读

Follow the examples below and make your own verses.

1) yī èr sān sì wǔ liù qī
一二三四五六七，
wǒ de péng you zài nǎ li
我的朋友在哪里？
zài zhōng guó zài yīng guó
在中国、在英国，
wǒ de péng you zài měi guó
我的朋友在美国。

2) yī èr sān sì wǔ liù qī
一二三四五六七，
wǒ de péng you zài nǎ li
我的朋友在哪里？
zài rì běn zài dé guó
在日本、在德国，
wǒ de péng you zài fǎ guó
我的朋友在法国。

68

8 口头报告

Introduce your family members including your grandparents and your friends.

例子：

wǒ jiào lǐ dà péng wǒ bà ba shì měi guó
我叫李大朋。我爸爸是美国

rén mā ma shì zhōng guó rén wǒ men yì jiā rén xiàn
人，妈妈是中国人。我们一家人现

zài zhù zài zhōng guó
在住在中国。

wǒ jiā yǒu sì kǒu rén bà ba mā ma
我家有四口人：爸爸、妈妈、

mèi mei hé wǒ wǒ jīn nián shí èr suì shì zhōng xué
妹妹和我。我今年十二岁，是中学

shēng wǒ mèi mei jīn nián wǔ suì hái méi shàng xué
生。我妹妹今年五岁，还没上学。

tā men shì wǒ yé ye nǎi nai wǒ yé ye
他们是我爷爷、奶奶。我爷爷

shì měi guó rén nǎi nai shì yīng guó rén tā men xiàn
是美国人，奶奶是英国人。他们现

zài zhù zài dé guó
在住在德国。

tā men shì wǒ wài gōng wài pó wǒ wài gōng
他们是我外公、外婆。我外公

shì zhōng guó rén wài pó shì xīn jiā pō rén tā men
是中国人，外婆是新加坡人。他们

xiàn zài zhù zài fǎ guó
现在住在法国。

zhè shì wǒ de hǎo péng you tā jiào dà tóng
这是我的好朋友。他叫大同。

tā shì yīng guó rén tā zài é luó sī chū shēng dàn
他是英国人。他在俄罗斯出生，但

shì zài yīng guó zhǎng dà
是在英国长大。

教学建议

- 可作为课后任务完成，下节课带着一张全家福来展示介绍。
- 先请学生熟读例子，根据例子提问，检查学生的理解情况。
- 根据学生水平给出提示。提示可以是段落的主干部分，也可以是介绍要点，如国籍、家庭成员等。

第八课　我会说汉语

教学目标

1. 理解和使用“在 + 某地”“跟”“一点儿”和简单的连动句。
2. 询问他人或介绍自己会说的语言。
3. 简单地介绍家人的工作情况。
4. 继续学习汉字偏旁部首。

教学重点

1. 生词重点：会、说、语言、忙、经常、去
2. 短语重点：说……语言、在家、很忙
3. 语言点重点：“在 + 某地”“动词短语 $_1$（去 + 某地）+ 动词短语 $_2$”
4. 交际重点：询问并描述会说的语言；描述一个人的国籍、语言、工作情况。

教学提示

1. 在 + 某地

   汉语中表示处所的词常和“在”搭配，构成介词短语，表示动作发生的处所。“在 + 某地”可以放在主语后，也可放在主语前。

   结构： 主语 + 在 + 某地 + 动词 + 宾语
   在 + 某地 + 主语 + 动词 + 宾语

   示例： 王月在学校学英语和汉语。
   在家我说汉语。

2. 跟

   可以用来指示与动作相关的人。

   结构： 主语 + 跟 + 某人 + 动词 + 宾语

   示例： 我跟妈妈说英语。
   他跟奶奶说汉语。

3. (一)点儿

形容数量少而不确定，常用来修饰名词。

结构：(一)点儿 + 名词

示例： 我会说一点儿汉语。

奶奶不会说汉语，但是会说一点儿法语。

注意：“一点儿”单独使用时，“一”不可以省略；修饰名词成分时，“一”常常可以省略。

4. 连动句(1)

连动句是用连动短语充当谓语的句子。本课中出现的“动词短语$_1$(去 + 某地) + 动词短语$_2$”，第二个动词是第一个动词的目的。

结构： 主语 + 动词短语$_1$(去 + 某地) + 动词短语$_2$

示例： 爸爸去北京出差。

我们去饭店吃饭。

教学流程

1. 可通过复习上节课的国家名以及某国人导入新课。
2. 语法点教学可穿插在生词和句型教学中。
3. 第 2 题和第 9 题都可作为家庭作业，可在一节课全部内容结束后布置。
4. 第 3 题回答问题后可串联成段落表达，用来导入课文。
5. 第 6 题汉字教学可以单独进行。

生词教学

- 老师：主要注意认读和书写。提醒学生在称呼时，要将"姓"放在"老师"前，如"高老师""王老师"。
- 会、说、语言：尽量使用完整的句子让学生作替换练习。可以以陈述句、否定句、是非疑问句来问答。
- 学习语言的说法时可复习国家名和X国人的词汇。
- 可以利用录音、PPT和生词卡片练习生词。

第八课 我会说汉语

生词1 (47)

1. lǎo 老 a prefix
2. shī 师（師）teacher　　lǎo shī 老师 teacher
3. huì 会（會）can
4. shuō 说（說）speak
5. yǔ 语（語）language
6. yán 言 speech　　yǔ yán 语言 language　　nǐ zài jiā shuō shén me yǔ yán 你在家说什么语言？
7. wài 外 foreign　　wài yǔ 外语 foreign language　　nǐ huì shuō shén me wài yǔ 你会说什么外语？
8. hàn 汉（漢）Han Nationality　　hàn yǔ 汉语 Chinese (language)

   wǒ zài jiā shuō hàn yǔ 我在家说汉语。

   Grammar: a) Sentence Pattern: Subject + Place Word + Verb + Object
   b) Place word can also be put in front of the subject, for example, 在家我说汉语 .

9. yīng yǔ 英语 English (language)
10. fǎ yǔ 法语 French (language)
11. dé yǔ 德语 German (language)
12. é yǔ 俄语 Russian (language)
13. rì yǔ 日语 Japanese (language)
14. xī bān yá yǔ 西班牙语 Spanish (language)
15. gēn 跟 with　　wǒ gēn bà ba shuō yīng yǔ 我跟爸爸说英语。

    Grammar: Sentence Pattern: Subject + 跟 + Someone + Verb + Object

16. (yì) diǎnr （一）点儿 a bit; a little; some

    wǒ huì shuō yì diǎnr xī bān yá yǔ 我会说一点儿西班牙语。

    Grammar: "（一）点儿" can be put before a noun.

你会说什么语言？

我会说英语和汉语。

1 模仿例子，看图说话

爸爸：英国人（英语）
妈妈：中国人（汉语）
她会说英语、汉语、一点儿日语

例子：

tā shì dú shēng nǚ　tā bà ba shì yīng guó
她是独生女。她爸爸是英国

rén　tā zài jiā gēn bà ba shuō yīng yǔ　tā mā ma
人。她在家跟爸爸说英语。她妈妈

shì zhōng guó rén　tā zài jiā gēn mā ma shuō hàn yǔ
是中国人。她在家跟妈妈说汉语。

tā hái huì shuō yì diǎnr rì yǔ
她还会说一点儿日语。

①

爸爸：法国人（法语）
妈妈：西班牙人（西班牙语）
他会说法语、西班牙语、一点儿汉语

②

爸爸：德国人（德语）
妈妈：日本人（日语）
她会说德语、日语、一点儿法语

③

爸爸：英国人（英语）
妈妈：法国人（法语）
他会说英语、法语、一点儿德语

71

教学建议

- 可先复习“独生子”“独生女”“还”等词。
- 根据学生水平，老师可先提问，让学生回答。然后学生再将回答的句子串联起来形成段落表达。

教学建议

- 老师领读，学生跟读。
- 可根据课文内容提问，检验学生理解情况。
- 分组或轮流再读一遍课文。
- 可让学生根据实际情况仿照课文内容自己编对话并表演。

课文 1 48

gāo lǎo shī nín hǎo
高老师，您好！

nǐ hǎo nǐ jiào shén me míng zi
你好！你叫什么名字？

wǒ jiào tián hé
我叫田和。

nǐ shì nǎ guó rén
你是哪国人？

wǒ bà ba shì yīng guó rén mā ma shì zhōng guó rén
我爸爸是英国人，妈妈是中国人。

nǐ zài jiā shuō shén me yǔ yán
你在家说什么语言？

wǒ zài jiā gēn bà ba shuō yīng yǔ gēn mā ma shuō hàn yǔ
我在家跟爸爸说英语，跟妈妈说汉语。

nǐ yé ye nǎi nai huì shuō shén me wài yǔ
你爷爷、奶奶会说什么外语？

wǒ yé ye huì shuō dé yǔ hé é yǔ
我爷爷会说德语和俄语。
wǒ nǎi nai yě huì shuō dé yǔ tā hái huì shuō yì diǎnr rì yǔ
我奶奶也会说德语。她还会说一点儿日语。

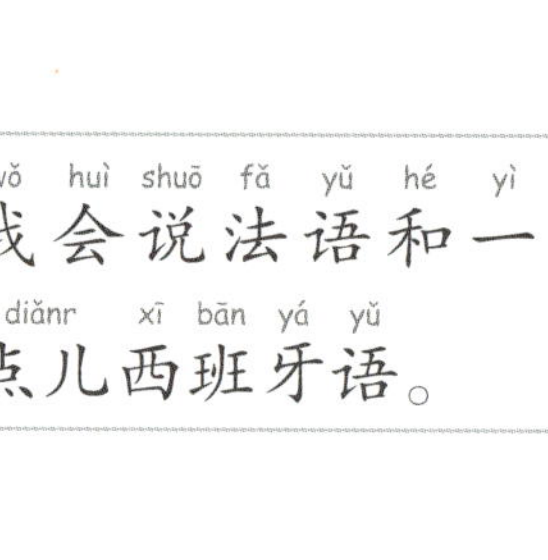

nǐ huì shuō shén me wài yǔ
你会说什么外语？

wǒ huì shuō fǎ yǔ hé yì diǎnr xī bān yá yǔ
我会说法语和一点儿西班牙语。

2 口头报告

Talk about yourself, your grandparents and some of your friends. You should also talk about the language(s) they speak.

例子：

我叫圆圆。我爸爸是美国人，妈妈是中国人。我在家跟爸爸说英语，跟妈妈说汉语。我有一个弟弟。他也会说英语和一点儿汉语。我们一家人现在住在中国。

我爷爷、奶奶住在美国。我跟他们说英语。我外公、外婆住在新加坡。我跟他们说汉语。

我有一个好朋友。他叫高朋。他是独生子。我跟他说英语。

你可以用

a) 我一半是英国人，一半是西班牙人。

b) 我会说英语和一点儿汉语。

c) 我不会说德语，但是我会说一点儿法语。

d) 我在家跟爸爸说英语，跟妈妈说俄语。

e) 我在美国出生，但是在中国长大。

一起读！ 

外语、外语，学外语，
汉语、英语和法语。
外语、外语，学外语，
俄语、日语和德语。

教学建议

- 总结相关句型，带领学生熟悉“你可以用”中的表达。
- 可先问学生问题，然后把回答的句子串联起来形成段落表达。

生词教学

- **工作、上班、下班**：可以用提问的方式，利用之前学过的生词和句型来练习，如在某地工作、几点上班/下班等。
- **经常**：放在动词前，表示事情不止一次发生。
- 可以利用录音、PPT和生词卡片练习生词。

生词 2 50

1. gōng 工 work
2. zuò 作 do　gōng zuò 工作 work　wǒ bà ba gōng zuò 我爸爸工作。
3. máng 忙 busy　tā měi tiān dōu hěn máng 他每天都很忙。
4. bān 班 shift　shàng bān 上班 go to work　tā zǎo shang jiǔ diǎn shàng bān 他早上九点上班。
5. xià 下 finish (an activity)　xià bān 下班 get off work
6. jīng 经 (經) constant
7. cháng 常 often　jīng cháng 经常 often
8. chāi 差 send on an errand　chū chāi 出差 go on a business trip　tā hái jīng cháng chū chāi 他还经常出差。
9. tíng 庭 hall; front courtyard　jiā tíng 家庭 family
10. zhǔ 主 host
11. fù 妇 (婦) woman　zhǔ fù 主妇 housewife　jiā tíng zhǔ fù 家庭主妇 housewife
12. běi jīng 北京 Beijing　wǒ men yì jiā rén xiàn zài zhù zài běi jīng 我们一家人现在住在北京。
13. shàng hǎi 上海 Shanghai
14. qù 去 go　tā hái jīng cháng qù shàng hǎi chū chāi 他还经常去上海出差。

> Grammar: a) Sentence Pattern: Subject + Verb Phrase$_1$ (去 + Place) + Verb Phrase$_2$
> b) Verb phrase$_2$ serves as the main purpose of the action.

74

3 完成对话

A: tā jiào shén me míng zi tā duō dà le
她叫什么名字？她多大了？

B: 谢小天。十二岁。

A: tā de shēng rì shì jǐ yuè jǐ hào
她的生日是几月几号？

B: 三月十号。

A: tā jīn nián shàng jǐ nián jí
她今年上几年级？

B: 八年级。

A: tā huì shuō shén me yǔ yán
她会说什么语言？

B: 法语、英语和一点儿汉语。

A: tā jiā yǒu jǐ kǒu rén tā jiā yǒu shéi
她家有几口人？她家有谁？

B: 四口人。爸爸、妈妈、弟弟和她。

A: tā men yì jiā rén xiàn zài zhù zài nǎr
他们一家人现在住在哪儿？

B: 法国。

A: tā bà ba mā ma dōu gōng zuò ma
她爸爸、妈妈都工作吗？

B: 爸爸工作，妈妈不工作。

A: tā bà ba gōng zuò máng ma
她爸爸工作忙吗？

B: 很忙。

A: tā bà ba měi tiān jǐ diǎn shàng bān jǐ diǎn xià bān
她爸爸每天几点上班？几点下班？

B: 九点上班。七点下班。

A: tā bà ba jīng cháng chū chāi ma
她爸爸经常出差吗？

B: 经常出差。

姓名：谢小天	年级：八年级
年龄：十二岁	生日：3 月 10 日
语言：法语、英语、一点儿汉语	
家庭：四口人（爸爸、妈妈、弟弟、她） 一家人住在法国	
爸爸：法国人，说法语和英语 工作很忙，经常去英国出差 上班：9:00　下班：19:00	
妈妈：英国人，说英语和法语 不工作，是家庭主妇	

一起读！ 51

bà ba shàng bān xià bān máng
爸爸上班、下班忙，

hái qù běi jīng qù shàng hǎi
还去北京，去上海。

mā ma shì ge jiā tíng zhǔ fù
妈妈是个家庭主妇，

tā bù gōng zuò bù chū chāi
她不工作，不出差。

教学建议

- 可以让学生两人一组阅读表格中的信息，将对话填写完整。完成后统一对答案，之后可两人一组进行对话表演。
- 也可让学生将回答串联起来形成段落表达。

教学建议

- 课文重点培养学生的书面语交际能力。
- 可以在讲解完课文后，根据课文内容提问，检验学生理解情况。
- 可以让学生填写去掉了重点词语和核心语言点的课文，做完型填空。可以提供不同难度的完型填空让学生根据自己的水平自行选择。鼓励学生复述课文。
- 可参考第 3 题的问题问答（即从名字、生日、年级、语言、家庭等方面提问），让学生根据自己实际情况回答，然后将回答内容串联起来，形成段落表达。

课文 2 52

wǒ jiào zhù xīng tiān. wǒ jiā yǒu liù kǒu rén: bà ba、mā ma、gē ge、jiě jie、mèi mei hé wǒ. wǒ mèi mei shì xiǎo xué shēng. gē ge、jiě jie hé wǒ dōu shì zhōng xué shēng. wǒ men yì jiā rén xiàn zài zhù zài běi jīng.

我叫祝星天。我家有六口人：爸爸、妈妈、哥哥、姐姐、妹妹和我。我妹妹是小学生。哥哥、姐姐和我都是中学生。我们一家人现在住在北京。

wǒ bà ba gōng zuò. tā měi tiān dōu hěn máng. tā zǎo shang jiǔ diǎn shàng bān, wǎn shang qī diǎn xià bān. tā hái jīng cháng qù shàng hǎi chū chāi. wǒ mā ma bù gōng zuò, shì jiā tíng zhǔ fù. tā měi tiān yě hěn máng.

我爸爸工作。他每天都很忙。他早上九点上班，晚上七点下班。他还经常去上海出差。我妈妈不工作，是家庭主妇。她每天也很忙。

4 听录音，选择正确答案 53

① 王老师 ____。
a) 是上海人
b) 长得高高的
c) 有长长的头发

② 她常常跟王老师说 ____。
a) 法语
b) 汉语
c) 英语

③ 他 ____。
a) 爸爸工作
b) 妈妈工作
c) 妈妈是老师

④ 他爸爸 ____。
a) 不是老师
b) 不常出差
c) 工作不忙

⑤ 他爸爸跟妈妈 ____。
a) 说汉语
b) 说英语
c) 说俄语

⑥ 他跟弟弟、妹妹 ____。
a) 说英语
b) 说汉语
c) 说法语

5 模仿例子，用所给结构完成句子

bú huì dàn shì 不会……，但是……

yì diǎnr 一点儿

hàn yǔ 汉语　yīng yǔ 英语　dé yǔ 德语　fǎ yǔ 法语　é yǔ 俄语　rì yǔ 日语　xī bān yá yǔ 西班牙语

例子：我不会说汉语，但是我会说一点儿英语。
(wǒ bú huì shuō hàn yǔ, dàn shì wǒ huì shuō yì diǎnr yīng yǔ)

1) 爸爸不会说 汉语，但是他会说一点儿 英语。
2) 妈妈 不会说英语，但是 她会说一点儿德语。
3) 爷爷 不会说德语，但是 他会说一点儿法语。
4) 奶奶 不会说法语，但是 她会说一点儿西班牙语。
5) 外公 不会说俄语，但是他会说一点儿英语。
6) 外婆 不会说日语，但是她会说一点儿汉语。

77

教学建议

- 提示学生第一段录音有两题，第二段录音四题。
- 听2-3遍录音，学生完成练习后，对答案。
- 再听一遍，引导学生听一句复述一句。
- 复述后，老师可根据学生水平再提一些问题，让学生口头回答。

第4题 补充练习

1. 王老师是哪国人？
2. 爸爸工作忙吗？

教学建议

- 可以先带领学生完成2-3题，然后让学生自主完成其余练习。
- 可以先问学生，得到回答后，引导学生将一个肯定回答和一个否定回答用“但是”连接。
- 可以鼓励学生通过听他人的回答描述他人情况。

教学建议

- 复习学过的偏旁部首。
- 展示新部首时，讲解意义并给出例字。注意笔画顺序。

第 6 题　补充练习

说出以下汉字的偏旁部首：布、复、树、超、狗、坐、席、跑

教学建议

- 做好表格发给学生，让学生自由活动问答。
- 可以老师提问，学生将是肯定回答的问题涂上颜色，肯定答案先连成直线的学生胜出。
- 可以补充其他问题，制成更大的表格。

第 7 题　补充练习

1. 你爸爸在中国出生吗？
2. 你妈妈九点上班吗？
3. 你爷爷长得高吗？

6 学偏旁部首

① 
towel

② 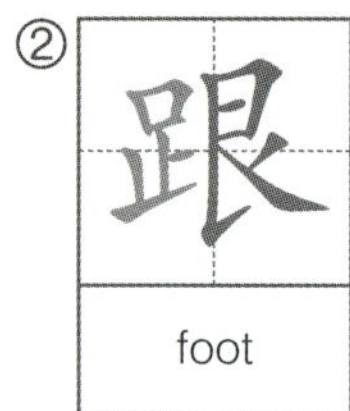
foot

③ 
sleeping person

④ 
shelter

⑤ 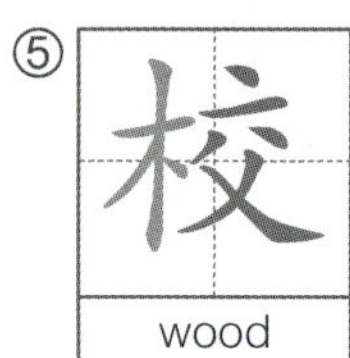
wood

⑥ 
walk

⑦ 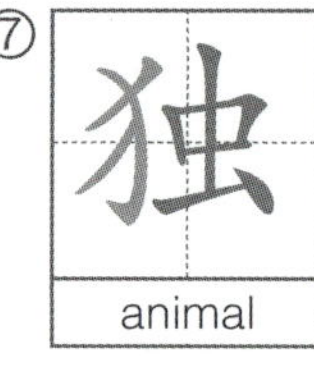
animal

⑧ 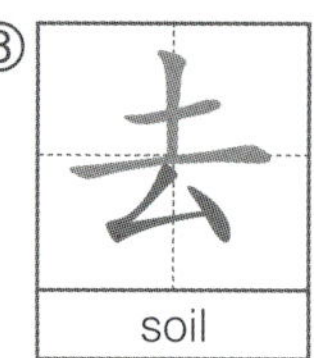
soil

7 活动

你在家说英语吗？	你爷爷住在法国吗？	你爸爸工作忙吗？	你妈妈是家庭主妇吗？
你的好朋友是美国人吗？	你有弟弟吗？	你经常去中国吗？	你爸爸经常出差吗？
你妈妈工作吗？	你外公是中国人吗？	你妹妹会说汉语吗？	你外婆会说英语吗？
你奶奶住在中国吗？	你妈妈工作忙吗？	你跟妈妈说汉语吗？	你爸爸长得高吗？

这样做

- 问同学问题。每个同学只能被问一次。
- 给得到肯定答案的问题涂上颜色。
- 肯定答案先连成一条直线的学生胜出。

8 读一读，猜一猜

zhōng guó rén shuō hàn yǔ
1) 中国人说汉语。

yīng guó rén hé měi guó rén shuō yīng yǔ
2) 英国人和美国人说英语。

xīn jiā pō rén shuō yīng yǔ hé hàn yǔ
3) 新加坡人说英语和汉语。

fǎ guó rén shuō fǎ yǔ
4) 法国人说法语。

dé guó rén shuō dé yǔ
5) 德国人说德语。

jiā ná dà rén shuō yīng yǔ hé fǎ yǔ
6) 加拿大人说英语和法语。

yìn dù ní xī yà rén shuō yìn ní yǔ
7) 印度尼西亚人说印尼语。

hán guó rén shuō hán yǔ
8) 韩国人说韩语。

é luó sī rén shuō é yǔ
9) 俄罗斯人说俄语。

mǎ lái xī yà rén shuō mǎ lái yǔ
10) 马来西亚人说马来语。

ào dà lì yà rén shuō yīng yǔ
11) 澳大利亚人说英语。

tài guó rén shuō tài yǔ
12) 泰国人说泰语。

xī bān yá rén shuō xī bān yá yǔ
13) 西班牙人说西班牙语。

rì běn rén shuō rì yǔ
14) 日本人说日语。

教学建议

- 可以先结合图片复习所学的国家名和语言。
- 可以配合地图来做练习。老师指学生熟悉的国家，学生说出“XX人说XX语”。
- 注意有的国家不只说一种语言，如加拿大、新加坡。

9 口头报告

Introduce one of your grandparents.

例子：

wǒ nǎi nai jiào xiè tiān yuán tā shì zhōng guó
我奶奶叫谢天圆。她是中国
rén tā yī jiǔ wǔ sì nián sān yuè yī rì chū shēng
人。她一九五四年三月一日出生。
tā zài shàng hǎi chū shēng zài běi jīng zhǎng dà
她在上海出生，在北京长大。
tā zhǎng de gāo gāo de shòu shòu de tā
她长得高高的、瘦瘦的。她
de yǎn jing dà dà de bí zi gāo gāo de zuǐ ba
的眼睛大大的、鼻子高高的、嘴巴
dà dà de tā shì jiā tíng zhǔ fù bù gōng zuò
大大的。她是家庭主妇，不工作。
tā huì shuō hàn yǔ hé yì diǎnr yīng yǔ
她会说汉语和一点儿英语。

教学建议

- 领读例子2-3遍。可以通过提问检验学生理解情况。
- 根据学生水平，可以适当给出一些关键词帮助学生报告。
- 学生可以仿照例子介绍一位自己熟悉的家人或朋友，以录音或者短视频的方式提交给老师或上传到班级内部网站上。老师针对学生的报告成果给出反馈，或者可以学生之间互评。

第九课 我爸爸是医生

教学目标

1. 学习正反疑问句以及正反疑问句与是非疑问句之间的转换。
2. 学会询问、描述职业。
3. 学习汉字偏旁部首。
4. 融合之前学习的内容进一步培养成段表达能力。

教学重点

1. 生词重点：做、所、教、家、店
2. 短语重点：一家医院、一所学校、在…… 工作
3. 语言点重点：正反疑问句
4. 交际重点：学会询问并描述职业、工作。

教学提示

正反疑问句

用肯定和否定相叠的方式提问，一般让人选择一项进行回答。

结构： 主语 + 形容词 + 不 + 形容词

主语 + 动词 + 不 / 没 + 动词

示例： 你工作忙不忙?

你明天来不来?

你昨天去没去?

注意： 谓语是动词时，如果是过去发生的动作，使用“没”；如果是一般性动作和将来发生的动作，使用“不”。

教学流程

1. 建议通过"是……吗？"结合学过的话题如国籍等来提问，进而从家庭成员的职业入手，导入新课。
2. 学习生词 1，结合练习 1 学习正反疑问句；然后学习课文 1，就课文提问并结合练习 2 做扩展表达。
3. 结合练习 5 的活动学习生词 2，再学习课文 2，完成练习 6、练习 7 和口头报告等练习。
4. 练习 4 的偏旁部首学习可以单独进行。

第九课　我爸爸是医生

生词教学

- **医生、商人、律师**：利用已学的生词和句型做扩展练习。如“你妈妈做什么工作？”“你爸爸是医生吗？”等。
- **所**：可适当复习学过的其他量词。
- **教 + 学科**：可利用上一课所学的语言进行练习。
- 可以利用录音、PPT和生词卡片练习生词。

生词 1 54

❶ zuò 做 do　nǐ bà ba zuò shén me gōng zuò 你爸爸做什么工作？

❷ yī 医（醫）doctor (of medicine)　yī shēng 医生 doctor　tā shì yī shēng 他是医生。

❸ yuàn 院 a public place　yī yuàn 医院 hospital　tā zài yì jiā yī yuàn gōng zuò 他在一家医院工作。

❹ shāng 商 business　shāng rén 商人 businessman　tā shì shāng rén 他是商人。

❺ gōng 公 public　❻ sī 司 operate; manage　gōng sī 公司 company　tā zài yì jiā dé guó gōng sī gōng zuò 他在一家德国公司工作。

❼ lǜ 律 law　❽ shī 师 someone having a specialized knowledge or skill

lǜ shī 律师 lawyer　tā shì lǜ shī 她是律师。

❾ xiào 校 school　xué xiào 学校 school

❿ suǒ 所 a measure word (used for a school or a hospital)

⓫ jiāo 教 teach　tā zài yì suǒ xué xiào jiāo yīng yǔ 她在一所学校教英语。

⓬ nǐ bà ba gōng zuò máng ma 你爸爸工作忙吗？

Grammar: **Sentence Pattern: Subject + (Noun + Adjective)**

⓭ tā gōng zuò máng bu máng 她工作忙不忙？

Grammar: **Sentence Pattern: Subject + Adjective + 不 + Adjective**
Subject + Verb + 不 / 没 + Verb (+ Object)

80

1 模仿例子，完成对话

例子：

tā zhǎng de pàng bu pàng
A: 她长得胖不胖？

tā zhǎng de bú pàng
B: 她长得不胖。

① 

tā shì bu shì yīng guó rén
A: 他是不是英国人？

B: 他是英国人。

② 

tā huì bu huì shuō hàn yǔ
A: 她会不会说汉语？

B: 她会说汉语。

③ 

A: 她工作忙不忙？

tā gōng zuò hěn máng
B: 她工作很忙。

④ 

A: 她的头发长不长？

tā de tóu fa bù cháng
B: 她的头发不长。

⑤ 

tā yǒu méi yǒu xiōng dì jiě mèi
A: 他有没有兄弟姐妹？

B: 他没有兄弟姐妹。

⑥ 

A: 她是不是独生女？

tā bú shì dú shēng nǚ
B: 她不是独生女。

教学建议

- 练习正反疑问句。可以先复习“……吗”的是非疑问句，再做句型转换练习。

教学建议

- 老师可以根据课文内容提问，检验学生理解情况。
- 可以让学生找出课文中的是非疑问句，进行“吗”和“不/没”形式的转换。

第 1 题　补充练习

1. 他妈妈在哪儿工作？
2. 他妈妈在学校教什么？
3. 他爸爸经常去哪儿出差？

课文 1 55

nǐ bà ba zuò shén me gōng zuò
你爸爸做什么工作？

tā shì yī shēng
他是医生。

tā zài nǎr gōng zuò
他在哪儿工作？

tā zài yì jiā yī yuàn gōng zuò
他在一家医院工作。

nǐ mā ma gōng zuò ma
你妈妈工作吗？

tā yě gōng zuò　tā shì lǎo shī　zài yì suǒ xué xiào jiāo yīng yǔ　nǐ bà ba zuò shén me gōng zuò
她也工作。她是老师，在一所学校教英语。你爸爸做什么工作？

tā shì shāng rén　zài yì jiā dé guó gōng sī gōng zuò
他是商人，在一家德国公司工作。

nǐ bà ba gōng zuò máng ma
你爸爸工作忙吗？

tā gōng zuò hěn máng　tā hái jīng cháng qù běi jīng　shàng hǎi chū chāi
他工作很忙。他还经常去北京、上海出差。

nǐ mā ma zuò shén me gōng zuò
你妈妈做什么工作？

tā shì lǜ shī
她是律师。

tā gōng zuò máng bu máng
她工作忙不忙？

tā gōng zuò yě hěn máng
她工作也很忙。

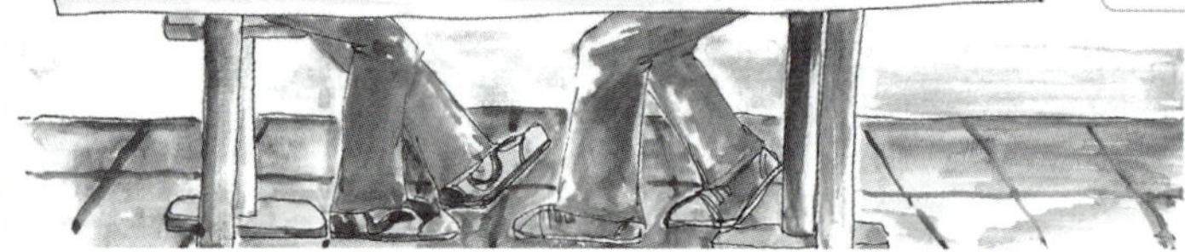

2 口头报告

Talk about yourself and your family members.

例子：

wǒ jiào tóng tong wǒ jīn nián shí wǔ suì shàng shí nián jí wǒ bà ba shì zhōng guó rén mā ma shì xī bān yá rén
我叫同同。我今年十五岁，上十年级。我爸爸是中国人，妈妈是西班牙人。

wǒ bà ba mā ma dōu gōng zuò wǒ bà ba shì shāng rén zài yì jiā zhōng guó gōng sī gōng zuò tā měi tiān zǎo shang jiǔ diǎn shàng bān wǎn shang qī diǎn xià bān wǒ mā ma shì lǎo shī zài yì suǒ zhōng xué jiāo xī bān yá yǔ tā měi tiān zǎo shang qī diǎn shàng bān wǎn shang wǔ diǎn xià bān
我爸爸、妈妈都工作。我爸爸是商人，在一家中国公司工作。他每天早上九点上班，晚上七点下班。我妈妈是老师，在一所中学教西班牙语。她每天早上七点上班，晚上五点下班。

zài jiā wǒ yì bān gēn bà ba shuō hàn yǔ gēn mā ma shuō xī bān yá yǔ zài xué xiào wǒ gēn tóng xué shuō yīng yǔ
在家，我一般跟爸爸说汉语，跟妈妈说西班牙语。在学校，我跟同学说英语。

你可以用

a) sī jī 司机 driver
b) gē shǒu 歌手 singer
c) jiàn zhù shī 建筑师 architect
d) hù shi 护士 nurse
e) jǐng chá 警察 police
f) jī shī 机师 pilot
g) yín háng jiā 银行家 banker
h) kuài jì shī 会计师 accountant
i) yǎn yuán 演员 actor
j) gōng chéng shī 工程师 engineer

一起读！ 

gōng zuò gōng zuò shén me gōng zuò
工作、工作，什么工作？
yī shēng lǎo shī shāng rén lǜ shī
医生、老师、商人、律师。
gōng zuò gōng zuò zài nǎr gōng zuò
工作、工作，在哪儿工作？
yī yuàn xué xiào gōng sī lǜ shī háng
医院、学校、公司、律师行。

律师行：law firm

教学建议

- “你可以用”中的补充词汇可以用图片展示帮助学生理解。
- 领读 2-3 遍例子后根据内容提问，检验学生理解情况。
- 可以老师来提问，学生来回答，然后让学生将回答的句子组合成段落。
- 还可以给出关键句型和关键词，让学生根据自己的实际情况做口头或书面报告。

生词教学

- 生词 2 主要是职业和地点方面的生词，完成学习后总结所有的相关词汇进行复习。
- 可以将职业和地点联系起来练习，如“她是服务员，她在一家饭店工作。”
- 可以利用录音、PPT 和生词卡片练习生词。

生词 2 (57)

❶ yín 银（銀）related to money　❷ háng 行 firm　yín háng 银行 bank

wǒ bà ba zài yì jiā měi guó yín háng gōng zuò
我爸爸在一家美国银行工作。

lǜ shī háng 律师行 law firm　wǒ mā ma zài yì jiā yīng guó lǜ shī háng gōng zuò 我妈妈在一家英国律师行工作。

❸ jiā 家 expert　yín háng jiā 银行家 banker　wǒ bà ba shì yín háng jiā 我爸爸是银行家。

❹ mì 秘 secret　❺ shū 书（書）document　mì shū 秘书 secretary　wǒ mā ma shì mì shū 我妈妈是秘书。

❻ jīng 经（經）manage

❼ lǐ 理 manage　jīng lǐ 经理 manager　wǒ gē ge shì jīng lǐ 我哥哥是经理。

❽ jiǔ 酒 alcohol

❾ diàn 店 shop; store　jiǔ diàn 酒店 hotel; restaurant

wǒ gē ge zài yì jiā jiǔ diàn gōng zuò
我哥哥在一家酒店工作。

❿ fàn 饭（飯）meal　fàn diàn 饭店 restaurant　wǒ jiě jie zài yì jiā fàn diàn gōng zuò 我姐姐在一家饭店工作。

⓫ fú 服 serve　⓬ wù 务（務）be engaged in　fú wù 服务 service

⓭ yuán 员（員）person engaged in a certain field of activity

fú wù yuán 服务员 waiter; waitress　wǒ jiě jie shì fú wù yuán 我姐姐是服务员。

84

3 完成对话

A: 常乐的爸爸做什么工作？他在哪儿工作？他经常去哪儿出差？

B: 经理。一家酒店。英国、德国和法国。

A: 他爸爸早上几点上班？晚上几点下班？

B: 早上九点。晚上七点。

A: 他妈妈做什么工作？她在哪儿工作？

B: 律师。一家美国律师行。

A: 常乐在家跟爸爸说什么语言？

B: 英语。

A: 他在家跟妈妈说什么语言？

B: 英语和日语。

A: 他跟同学说什么语言？

B: 英语。

A: 他在学校学什么语言？

B: 英语和汉语。

姓名：	常乐
爸爸：	经理，在一家酒店工作 经常去英国、德国和法国出差 上班：9:00　下班：19:00
妈妈：	律师，在一家美国律师行工作 上班：8:30　下班：19:00
语言：	跟爸爸说英语 跟妈妈说英语和日语 跟同学说英语 在学校学英语和汉语

教学建议

- 可以将学生分成小组，根据信息表的内容来完成对话。在规定时间内先完成的小组获胜。完成对话后，可以随机抽取小组向班级展示。
- 可以让学生自己在课后根据信息表写出正确的句子，提交书面报告给老师。

教学建议

- 可以根据课文内容提问，检验学生理解情况。
- 可以让学生根据课文内容制成表格，列出课文中“我”的家庭成员、职业和工作地点。
- 可以让学生做完型填空，复述课文。

课文 2

58

我叫王朋朋。我是中国人。我今年十二岁，上八年级。我家有五口人：爸爸、妈妈、哥哥、姐姐和我。

我爸爸、妈妈、哥哥和姐姐都工作。我爸爸是银行家，在一家美国银行工作。他不常出差。我妈妈是秘书，在一家英国律师行工作。我哥哥是经理，在一家酒店工作。我姐姐是服务员，在一家饭店工作。

4 学偏旁部首

①  饭 food

② 船 boat

③ 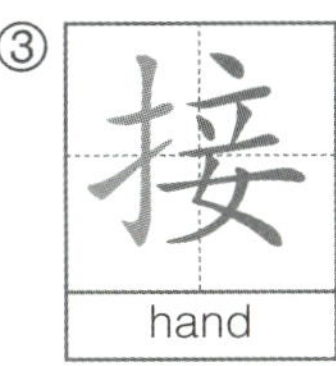 接 hand

④ 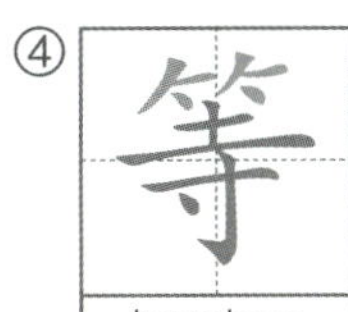 等 bamboo

⑤  银 metal

⑥  教 writing

⑦ 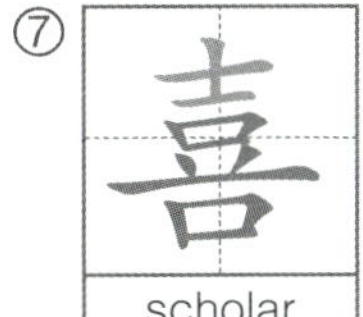 喜 scholar

⑧  对 again

教学建议

- 分别展示8个部首，解释意思并给出例字。

第4题　补充练习

说出以下汉字的偏旁部首：般、欢、饥、竿、打、劝、针、放

5 活动

你可以用

a) 医生在医院工作。(yī shēng zài yī yuàn gōng zuò)

b) 商人在公司工作。(shāng rén zài gōng sī gōng zuò)

c) 老师在学校工作。(lǎo shī zài xué xiào gōng zuò)

d) 秘书在公司工作。(mì shū zài gōng sī gōng zuò)

e) 律师在律师行工作。(lǜ shī zài lǜ shī háng gōng zuò)

f) 银行家在银行工作。(yín háng jiā zài yín háng gōng zuò)

g) 经理在酒店工作。(jīng lǐ zài jiǔ diàn gōng zuò)

h) 服务员在饭店工作。(fú wù yuán zài fàn diàn gōng zuò)

i) 家庭主妇在家里"工作"。(jiā tíng zhǔ fù zài jiā li gōng zuò)

这样做

- 两人一组。
- 同学1说出一个职业，同学2要说出一句话。
- 例子：

  A: 医生。

  B: 医生在医院工作。

教学建议

- 可分组练习，一人说职业，一人说句子。
- 也可采用抢答的方式，老师说职业，看哪个学生说句子说得最快。为避免混乱，可举手抢答。也可以一个学生说职业，其他学生抢答。

教学建议

- 老师提前做好表格发给学生。学生自由活动问答，老师要监督学生问答情况。问答结束后，可根据学生水平给出关键词或句型，提示学生汇报。
- 可以留作课后任务，让学生采访其他班级或学年的学生。学生将采访结果以图片和录音的形式发给老师或上传到班级内部网站上。

6 用所给问题问十个同学，然后向全班汇报

nǐ bà ba zuò shén me gōng zuò
1) 你爸爸做什么工作？

服务员	经理	商人	秘书	老师	律师
一	正			一	下

nǐ bà ba huì shuō shén me yǔ yán
2) 你爸爸会说什么语言？

汉语	英语	法语	德语	西班牙语	俄语
正	正 正	丅	一	下	

nǐ bà ba cháng cháng chū chāi ma
3) 你爸爸常常出差吗？

常常	不常	不出差
正 一	丅	丅

nǐ bà ba jīng cháng qù nǎr chū chāi
4) 你爸爸经常去哪儿出差？

中国	英国	法国	美国	日本	新加坡
下	丅	丅	一		一

nǐ bà ba gōng zuò máng bu máng
5) 你爸爸工作忙不忙？

忙	不忙
正 正	

例子：

wǔ ge bà ba shì jīng lǐ. shí ge bà ba dōu huì shuō yīng yǔ. liù ge bà ba cháng cháng chū chāi. sān ge bà ba jīng cháng qù zhōng guó chū chāi. shí ge bà ba gōng zuò dōu hěn máng.

五个爸爸是经理。十个爸爸都会说英语。六个爸爸常常出差。三个爸爸经常去中国出差。十个爸爸工作都很忙。

7 听录音，选择正确答案 59

① 她爸爸是 ____。
a) 老师
b) 律师
c) 医生

② 她爸爸在一家 ____ 律师行工作。
a) 英国
b) 美国
c) 中国

③ 她爸爸常常去 ____ 出差。
a) 中国
b) 德国
c) 法国

④ 他在一所 ____ 学校上学。
a) 日本
b) 德国
c) 英国

⑤ 他在学校学 ____。
a) 汉语
b) 法语
c) 西班牙语

⑥ 他们一家人每年都去 ____。
a) 西班牙
b) 中国
c) 新加坡

教学建议

- 注意提示学生每段对话有三道题。
- 听 2-3 遍录音，学生完成练习后，对答案。
- 再听一遍，引导学生听一句复述一句。

8 口头报告

Introduce one of your teachers.

例子：

祝老师是我的汉语老师。她是中国人。她会说汉语和英语。她还会说一点儿日语。祝老师长得高高的。她不胖也不瘦。她眼睛小小的、鼻子小小的、嘴巴也小小的。她头发长长的。

祝老师家有四口人。她丈夫也是中国人，在一家德国公司工作。她有一个女儿，上八年级。她还有一个儿子。她儿子还没上学。

zhù lǎo shī shì wǒ de hàn yǔ lǎo shī. tā shì zhōng guó rén. tā huì shuō hàn yǔ hé yīng yǔ. tā hái huì shuō yì diǎnr rì yǔ. zhù lǎo shī zhǎng de gāo gāo de. tā bú pàng yě bú shòu. tā yǎn jing xiǎo xiǎo de, bí zi xiǎo xiǎo de, zuǐ ba yě xiǎo xiǎo de. tā tóu fa chángcháng de.

zhù lǎo shī jiā yǒu sì kǒu rén. tā zhàng fu yě shì zhōng guó rén, zài yì jiā dé guó gōng sī gōng zuò. tā yǒu yí ge nǚ ér, shàng bā nián jí. tā hái yǒu yí ge ér zi. tā ér zi hái méi shàng xué.

你可以用

a) 丈夫 (zhàng fu) husband
b) 妻子 (qī zi) wife
c) 儿子 (ér zi) son
d) 女儿 (nǚ ér) daughter

教学建议

- 可以留作课后任务。学生回去准备，下节课展示。
- 可以根据学生水平给出提示。提示可以是段落的主干内容，也可以是介绍要点，如语言、相貌、家庭成员职业等。
- 可以让学生自己选择熟悉的人作为描述的对象。

第十课　我坐校车上学

教学目标

1. 理解并掌握连动句、“先……，然后……”“一般”。
2. 学会常见的出行方式，并能够描述使用不同交通工具出行。
3. 继续学习汉字偏旁部首。
4. 能够结合前几课的话题口头或书面介绍自己和家人。

教学重点

1. 生词重点：车、怎么、一般
2. 短语重点：坐车、走路、开车、先……然后……
3. 语言点重点：表示方式的连动句
4. 交际重点：描述出行方式。

教学提示

连动句（2）

连动句是用连动短语充当谓语的句子。本课“动词短语$_1$（坐 + 交通工具）+ 动词短语$_2$”中，第一个动词是第二个动词的方式。

结构： 主语 + 动词短语$_1$（坐 + 交通工具）+ 动词短语$_2$

示例： 我坐校车上学。

爸爸走路上班。

教学流程

1. 可以复习上节课家人的职业、工作地点等引入出行方式，导入新课。
2. 结合练习 1 学习生词 1。课文 1 的问答形式和第 1 题类似，可在完成生词 1 和第 1 题后直接学习。
3. 讲练完生词 2 后，完成练习 5 和练习 6，帮助巩固生词；学习课文 2，复述课文，完成其他练习。
4. 练习 4 偏旁部首可以单独学习。

第十课 我坐校车上学

生词教学

- 练习"坐+交通工具"时，告诉学生可以在"坐"和"交通工具"之间插入"时间+的"，为生词2的学习做准备。
- 可以帮助学生总结以"车"结尾的交通工具和前面的修饰成分的意义。
- 可以利用录音、PPT和生词卡片练习生词。

生词 1 

❶ zuò 坐 travel by (bus, train, plane, etc.)

❷ chē 车（車）vehicle　xiào chē 校车 school bus　wǒ zuò xiào chē shàng xué 我坐校车上学。

Grammar: a) Sentence Pattern: Subject + Verb Phrase$_1$ + Verb Phrase$_2$
b) Verb phrase$_1$ serves as a method.

❸ diàn 电（電）electricity　diàn chē 电车 tram　tā měi tiān dōu zuò diàn chē shàng xué 他每天都坐电车上学。

❹ gòng 共 common　gōng gòng 公共 public

❺ qì 汽 gas; steam　qì chē 汽车 motor car

gōng gòng qì chē 公共汽车 public bus　tā měi tiān dōu zuò gōng gòng qì chē shàng xué 她每天都坐公共汽车上学。

❻ zū 租 rent　chū zū 出租 rent out　chū zū chē 出租车 taxi　tā měi tiān dōu zuò chū zū chē shàng bān 她每天都坐出租车上班。

❼ dì 地 land; ground　❽ tiě 铁（鐵）iron　dì tiě 地铁 subway　tā měi tiān dōu zuò dì tiě shàng bān 他每天都坐地铁上班。

❾ zǒu 走 walk　❿ lù 路 road; street　zǒu lù 走路 walk　tā měi tiān dōu zǒu lù shàng xué 她每天都走路上学。

⓫ zěn me 怎么 how　nǐ měi tiān zěn me shàng xué 你每天怎么上学？

1 模仿例子，用所给结构完成句子

zuò xiào chē 坐校车	zuò diàn chē 坐电车	zuò gōnggòng qì chē 坐公共汽车
zuò dì tiě 坐地铁	zǒu lù 走路	zuò chū zū chē 坐出租车

shàng xué 上学
shàng bān 上班

例子：gē ge měi tiān dōu zuò gōnggòng qì chē shàng xué
哥哥每天都坐公共汽车上学。

1) bà ba měi tiān dōu
爸爸每天都 坐公共汽车上班。

2) mā ma
妈妈 每天都坐地铁上班。

3) jiě jie
姐姐 每天都走路上学。

4) mèi mei
妹妹 每天都坐校车上学。

5) dì di
弟弟 每天都坐校车上学。

6) yé ye
爷爷 每天都坐电车上班。

7) wǒ
我 每天都坐出租车上学。

8) wǒ de hǎo péng you
我的好朋友 每天都坐地铁上学。

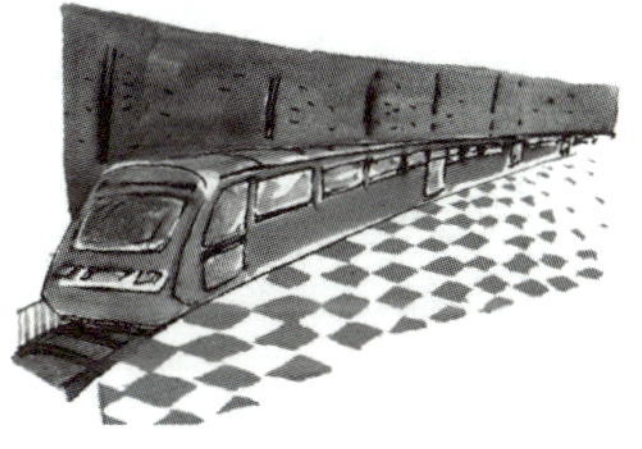

教学建议

- 可以先练习几种交通工具和出行方式，然后再完成句子。
- 前 2-3 题可以提问学生“XX 怎么 XX？”，后面几题学生可以互相问答。
- 可以让学生独立写出句子，规定时间内写得又快又对的人胜出。

教学建议

- 可以带着问题听录音导入课文学习。
- 注意课文中出现了"呢"的省略问句。
- 可以让学生列表总结课文中家庭成员的上学/上班方式。

课文 1 61

nǐ bà ba měi tiān zěn me shàng bān
你爸爸每天怎么上班?

tā měi tiān dōu zuò dì tiě shàng bān
他每天都坐地铁上班。

nǐ mā ma ne
你妈妈呢?

tā měi tiān dōu zuò chū zū chē shàng bān
她每天都坐出租车上班。

nǐ jiě jie měi tiān zěn me shàng xué
你姐姐每天怎么上学?

tā měi tiān dōu zuò gōng gòng qì chē shàng xué
她每天都坐公共汽车上学。

nǐ gē ge měi tiān zěn me shàng xué
你哥哥每天怎么上学?

tā měi tiān dōu zuò diàn chē shàng xué
他每天都坐电车上学。

nǐ mèi mei měi tiān zěn me shàng xué
你妹妹每天怎么上学?

tā měi tiān dōu zǒu lù shàng xué
她每天都走路上学。

nǐ měi tiān zěn me shàng xué
你每天怎么上学?

wǒ měi tiān dōu zuò xiào chē shàng xué
我每天都坐校车上学。

2 模仿例子，看图说话

李同的爸爸
德国人
商人
公司
出租车

例子：

lǐ tóng de bà ba shì dé guó rén tā shì
李同的爸爸是德国人。他是
shāng rén zài yì jiā gōng sī gōng zuò tā měi tiān
商人，在一家公司工作。他每天
dōu zuò chū zū chē shàng bān
都坐出租车上班。

① 田生的妈妈
新加坡人
律师
银行
公共汽车

② 王友友
中国人
中学生
走路

③ 王英的姐姐
中国人
医生
医院
公共汽车

一起读！

nǐ zěn me shàng xué zěn me shàng xué
你怎么上学？怎么上学？
wǒ zuò xiào chē dì tiě diàn chē
我坐校车、地铁、电车，
wǒ zuò chū zū chē
我坐出租车。
bà ba zěn me shàng bān zěn me shàng bān
爸爸怎么上班？怎么上班？
tā kāi chē tā zǒu lù
他开车，他走路，
tā zuò gōng gòng qì chē
他坐公共汽车。

教学建议

- 老师先带学生完成例子，可通过提问的方式或将要点内容放在 PPT 上，如“谁、哪国人、做什么工作、在哪里工作、怎么去上班 / 上学”等等。然后让学生模仿例子完成其余练习。
- 准备纸卡发给学生，先让学生在纸卡上写下要点内容，然后两人一组互相介绍自己的实际情况。

生词教学

- 复习生词1中的相关出行方式，引入新词。
- 一般：用在动词前，表示通常。可结合已学内容做练习，如"妈妈一般八点上班""我一般七点上学"等。
- 可以利用录音、PPT和生词卡片练习生词。

生词 2 63

xiāng gǎng　　　guǎng zhōu
❶ 香港 Hong Kong　❷ 广（廣）州 Guangzhou

kāi　　　kāi chē　　　tā měi tiān dōu kāi chē shàng bān
❸ 开（開）drive　开车 drive　他每天都开车上班。

huǒ　　　huǒ chē　　　tā zuò huǒ chē qù guǎng zhōu
❹ 火 fire　火车 train　他坐火车去广州。

fēi　　　jī　　　fēi jī　　　tā zuò fēi jī qù xiāng gǎng
❺ 飞（飛）fly　❻ 机（機）machine　飞机 plane　她坐飞机去香港。

chuán　　　tā měi tiān zǎo shang dōu zuò qī diǎn de chuán shàng bān
❼ 船 boat　她每天早上都坐七点的船上班。

xiān
❽ 先 first

hòu　　　rán hòu　　　xiān　　　rán hòu
❾ 后（後）after　然后 then　先……，然后…… first..., then...

tā měi tiān zǎo shang xiān zuò qī diǎn de chuán　rán hòu zuò gōng gòng qì chē shàng bān
她每天早上先坐七点的船，然后坐公共汽车上班。

yì bān　　　tā yì bān zuò fēi jī qù xiāng gǎng
❿ 一般 usually　她一般坐飞机去香港。

3 模仿例子，编对话

坐飞机 大连
八月十二日 20:50

例子：

wǒ men jǐ yuè qù dà lián
A: 我们几月去大连？

bā yuè
B: 八月。

wǒ men jǐ hào qù
A: 我们几号去？

shí èr hào
B: 十二号。

wǒ men zuò jǐ diǎn de fēi jī qù
A: 我们坐几点的飞机去？

wǎn shang bā diǎn wǔ shí de fēi jī
B: 晚上八点五十的飞机。

① 坐火车 北京
十一月十日 10:15

② 坐船 上海
四月五日 14:05

一起读！ 64

zuò huǒ chē zuò lún chuán
坐火车、坐轮船，

wǒ cóng xiāng gǎng qù guǎng zhōu
我从香港去广州。

zuò fēi jī zuò gāo tiě
坐飞机、坐高铁，

wǒ cóng běi jīng qù shàng hǎi
我从北京去上海。

轮船：ship
高铁：high speed train

教学建议

- "一起读"中引入了"轮船"和"高铁"两个新词，老师可以简单介绍。
- 练习对话前，可适当复习要用到的句型。练习时，老师先做示范，让学生知道要问哪些问题。注意例子是将月份和日期分开问的，练习时，也可以直接问"几月几号"。

教学建议

- 可以根据课文内容提问，检验学生理解情况。
- 可以提问学生的实际情况，学生回答后，将回答部分串联起来描述自己的家庭。
- 可以列出要点，让学生练习段落表达。

课文 2

65

zhè shì wǒ bà ba tā shì yī shēng zài yì jiā yī yuàn gōng zuò tā měi tiān dōu kāi chē shàng bān tā gōng zuò hěn máng hái jīng cháng qù guǎng zhōu chū chāi tā yì bān zuò huǒ chē qù guǎng zhōu

这是我爸爸。他是医生，在一家医院工作。他每天都开车上班。他工作很忙，还经常去广州出差。他一般坐火车去广州。

zhè shì wǒ mā ma tā shì jiǔ diàn jīng lǐ tā měi tiān zǎo shang xiān zuò qī diǎn de chuán rán hòu zuò gōng gòng qì chē shàng bān tā gōng zuò yě hěn máng cháng cháng qù xiāng gǎng chū chāi tā yì bān zuò fēi jī qù xiāng gǎng

这是我妈妈。她是酒店经理。她每天早上先坐七点的船，然后坐公共汽车上班。她工作也很忙，常常去香港出差。她一般坐飞机去香港。

zhè shì wǒ wǒ shì zhōng xué shēng wǒ měi tiān dōu zuò xiào chē shàng xué

这是我。我是中学生。我每天都坐校车上学。

4 学偏旁部首

① 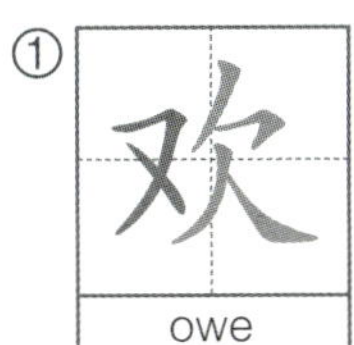

② 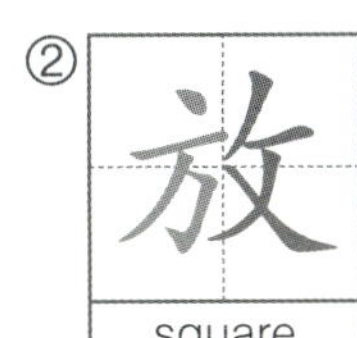

③ 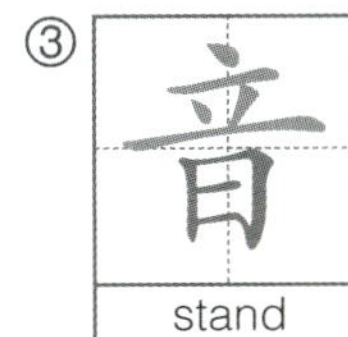

④ 

⑤ 

⑥ 

⑦ 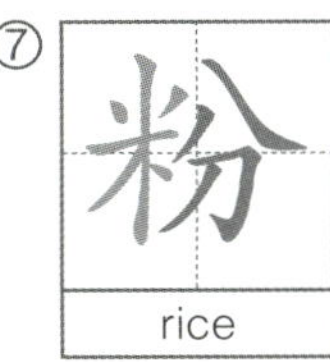

⑧ 

教学建议

- 复习学过的偏旁部首。
- 展示新部首时，讲解意义并给出例字。

第 4 题　补充练习

说出以下汉字的偏旁部首：袜、旅、料、帘、亲、顾、次、矿

5 活动

你可以用

1) bà ba 爸爸	a) kāi chē 开车	i) xué xiào 学校
2) mā ma 妈妈	b) zǒu lù 走路	ii) gōng sī 公司
3) gē ge 哥哥	c) zuò chuán 坐船	iii) yī yuàn 医院
4) dì di 弟弟	d) zuò huǒ chē 坐火车	iv) yín háng 银行
5) jiě jie 姐姐	e) zuò fēi jī 坐飞机	v) fàn diàn 饭店
6) mèi mei 妹妹	f) zuò xiào chē 坐校车	vi) jiǔ diàn 酒店
7) yé ye 爷爷	g) zuò diàn chē 坐电车	vii) dà xué 大学
8) nǎi nai 奶奶	h) zuò dì tiě 坐地铁	viii) lǜ shī háng 律师行
9) wài gōng 外公	i) zuò chū zū chē 坐出租车	ix) běi jīng 北京
10) wài pó 外婆	j) zuò gōnggòng qì chē 坐公共汽车	x) shàng hǎi 上海

这样做

- 老师说出一种出行方式，学生要说出一句话。
- 此活动也可由两个学生完成。

教学建议

- 可以事先准备一些人物图，标注人物名字或称谓、出行方式、职业等信息。老师快速说出人物称谓或出行方式，让学生说出完整的句子。
- 可以将句型展示在 PPT 上，提醒学生。

教学建议

- 注意提示学生每段对话有三道题。
- 听 2-3 遍录音，学生完成练习后，对答案。
- 再听一遍，引导学生听一句复述一句。
- 学生以对话的形式复述后，还可以以陈述的方式来复述。

教学建议

- 老师提前做好表格，发给学生。学生自由活动进行问答，老师要监督学生问答情况。问答结束后，可根据学生水平给出关键词或句型，提示学生汇报。
- 可以留作课后任务，让学生采访其他班级或学年的学生。学生将采访结果以图片和录音的形式发给老师或上传到班级内部网站上。

第 7 题 补充练习

1. 你爸爸做什么工作？
2. 他每天怎么上班？
3. 他工作忙吗？

6 听录音，选择正确答案 66

① 她 ____。
(a) 爸爸妈妈都工作
b) 妈妈是商人
c) 爸爸在日本工作

② 她爸爸 ____ 上班。
(a) 开车
b) 走路
c) 坐地铁

③ 她妈妈 ____ 上班。
(a) 先坐船，然后走路
b) 坐电车
c) 坐出租车

④ 他爸爸 ____。
(a) 常常去日本
b) 不常出差
c) 经常去中国

⑤ 他妈妈 ____。
a) 是老师
(b) 是酒店经理
c) 不常出差

⑥ 他妈妈 ____。
a) 工作不忙
(b) 明天出差
c) 去英国了

7 用所给问题问十个同学，然后向全班汇报

nǐ mā ma zuò shén me gōng zuò
1) 你妈妈做什么工作？

商人	医生	老师	经理	律师	秘书	服务员	家庭主妇
一	丅	一		一			正

tā měi tiān zěn me shàng bān
2) 她每天怎么上班？

走路	开车	坐船	坐电车	坐出租车	坐公共汽车	坐地铁
	一			丅	一	一

tā jīng cháng chū chāi ma
3) 她经常出差吗？

经常	不常	不出差
丅	一	丅

例子：

wǔ ge mā ma shì jiā tíng zhǔ fù liǎng ge mā ma měi tiān
五个妈妈是家庭主妇。两个妈妈每天
dōu zuò chū zū chē shàng bān yí ge mā ma bù cháng chū chāi
都坐出租车上班。一个妈妈不常出差。

98

8 口头报告

Talk about each member of your family.

例子：

wǒ jiào wáng rán wǒ
　　我叫王然。我
jīn nián shí sān suì shàng bā nián
今年十三岁，上八年
jí wǒ jiā yǒu sì kǒu rén
级。我家有四口人：
bà ba mā ma dì di hé
爸爸、妈妈、弟弟和
wǒ wǒ men yì jiā rén xiàn zài
我。我们一家人现在
zhù zài shàng hǎi
住在上海。

wǒ bà ba shì shāng rén tā zài yì jiā rì běn gōng sī gōng zuò tā gōng zuò hěn máng jīng cháng qù
　　我爸爸是商人。他在一家日本公司工作。他工作很忙，经常去
měi guó hé yīng guó chū chāi wǒ mā ma shì lǎo shī tā zài yì suǒ zhōng xué jiāo hàn yǔ tā gōng zuò yě
美国和英国出差。我妈妈是老师。她在一所中学教汉语。她工作也
hěn máng dàn shì tā bù chū chāi wǒ dì di jīn nián wǔ suì tā hái méi shàng xué
很忙，但是她不出差。我弟弟今年五岁。他还没上学。

wǒ bà ba měi tiān dōu kāi chē shàng bān wǒ mā ma yì bān xiān zuò chuán rán hòu zuò chū zū chē shàng
　　我爸爸每天都开车上班。我妈妈一般先坐船，然后坐出租车上
bān wǒ měi tiān dōu zuò xiào chē shàng xué
班。我每天都坐校车上学。

wǒ bà ba huì shuō hàn yǔ yīng yǔ hé rì yǔ wǒ mā ma huì shuō hàn yǔ hé yīng yǔ wǒ hé dì
　　我爸爸会说汉语、英语和日语。我妈妈会说汉语和英语。我和弟
di yě huì shuō hàn yǔ hé yīng yǔ
弟也会说汉语和英语。

教学建议

- 可以留作课后任务。学生回去准备，下节课向班级展示。
- 老师根据学生水平给出学生提纲或相关问题，帮助学生完成报告。

第十一课 我家住在大理路

教学目标

1. 掌握地址表达方法、“吧”、兼语句。
2. 询问并描述家庭地址、电话号码等信息。
3. 继续学习汉字偏旁部首。

教学重点

1. 生词重点：多少、可以、接、送、一会儿
2. 短语重点：电话号码、回家、什么时候
3. 语言点重点：汉语中地址的表达、语气词“吧”、兼语句
4. 交际重点：学会询问并描述地址、电话号码。

教学提示

1. 地址的表达

汉语中的地址表达遵循从大到小、逐渐具体的原则，即先说最大范围，再说小范围。

示例： 我家住在北京市海淀区成府路 20 号 5 号楼 201 室。

王家明的地址是滨江路 108 号 302 室。

2. 语气词“吧”（1）

“吧”是汉语中常用的语气词。本课中“吧”用在句子末尾表示同意或认可。

结构： 陈述句 + 吧

示例： 我们明天上午十点见面，好吗？

– 好吧。

我也可以用你的电脑吗？

– 用吧。

3. 兼语句

由兼语短语充当谓语的句子是兼语句，即动宾短语的宾语是套接的主谓短语的主语的句子。

结构： 主语 $_1$+ 动词 $_1$+ 宾语（主语 $_2$）+ 动作 $_2$

示例： 爸爸接我回家。

他让我明天去学校。

教学流程

1. 通过复习“某人住在某地”扩展到“某人住在某地址”，导入新课。
2. 结合练习 1 学习生词 1；然后学习课文 1，就课文提问并结合练习 2 巩固生词和句型。
3. 结合练习 3 学习生词 2 和课文 2，完成其他练习。
4. 练习 4 的偏旁部首学习可以单独进行。

第十一课　我家住在大理路

生词教学

- X路X号：可以让学生结合实际情况说说自己或朋友的住址，注意顺序。
- 来：可以结合"去"来讲解，注意"来"和"去"方向性的区别。
- 好：单独回答问题，表示同意。
- 电话号码：可以复习数字。注意"1"的读法。
- 多少：用来提问数量，如"你家的电话号码是多少？"
- 可以利用录音、PPT和生词卡片练习生词。

生词 1 

❶ dà lǐ lù 大理路 a street name　wǒ jiā zhù zài dà lǐ lù 19 hào 我家住在大理路 19 号。

Grammar: In Chinese, the order of an address is from general to specific.

❷ dào 道 road　xīng yuè dào 星月道 a street name

❸ shì 室 room　wǒ jiā zhù zài xīng yuè dào 85 hào 302 shì 我家住在星月道 85 号 302 室。

❹ lái 来（來） come　nǐ jǐ diǎn lái wǒ jiā 你几点来我家？

❺ hǎo 好 OK (used to show approval, agreement, etc.)　xià wǔ sì diǎn, hǎo ma 下午四点，好吗？

❻ huà 话（話） word; talk　diàn huà 电话 telephone

❼ hào 号 ordinal number

❽ mǎ 码（碼） number　hào mǎ 号码 number　diàn huà hào mǎ 电话号码 telephone number

wǒ jiā de diàn huà hào mǎ shì 我家的电话号码是 27895643。

❾ duō 多 many; much

❿ shǎo 少 few; little　duō shao 多少 how many; how much

nǐ jiā de diàn huà hào mǎ shì duō shao 你家的电话号码是多少？

⓫ ba 吧 a particle　hǎo ba 好吧。

Grammar: "吧" can be put at the end of a sentence to show agreement or approval.

1 模仿例子，编对话

教学建议

- 两人一组分组练习。
- 练习后可以进行表演展示。

教学建议

- 老师可以提出几个问题，先让学生带着问题听课文录音。
- 领读、讲解课文。学生理解、熟读后分组做对话练习。
- 老师还可以提供一些图片和几组地址、电话号码、见面时间等信息，让学生仿照课文编对话。

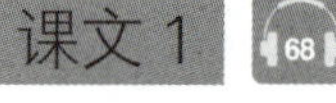

1

nǐ jiā zhù zài nǎr
你家住在哪儿？

wǒ jiā zhù zài dà lǐ lù hào shì
我家住在大理路 19 号 501 室。

wǒ jǐ diǎn qù nǐ jiā
我几点去你家？

nǐ zhōng wǔ shí èr diǎn lái wǒ jiā hǎo ma
你中午十二点来我家，好吗？

hǎo ba
好吧。

2

nǐ jiā zhù zài nǎr
你家住在哪儿？

wǒ jiā zhù zài xīng yuè dào hào shì
我家住在星月道 85 号 302 室。

nǐ jiā de diàn huà hào mǎ shì duō shao
你家的电话号码是多少？

nǐ jǐ diǎn lái wǒ jiā
27895643。你几点来我家？

xià wǔ sì diǎn hǎo ma
下午四点，好吗？

hǎo ba
好吧。

2 模仿例子，编对话

时间：明天　下午四点
住址：北京道 216 号 103 室
电话号码：25543001

①
时间：星期六　上午十点
住址：田中路 76 号 501 室
电话号码：62350187

②
时间：星期日　晚上五点
住址：上水道 88 号
电话号码：27089322

③
时间：明天　中午十二点
住址：上海路 109 号
电话号码：63001184

住址：address

例子：

A: 你哪天来我家？ (nǐ nǎ tiān lái wǒ jiā)

B: 我明天去你家，好吗？ (wǒ míng tiān qù nǐ jiā, hǎo ma)

A: 好。你几点来我家？ (hǎo. nǐ jǐ diǎn lái wǒ jiā)

B: 下午四点，好吗？ (xià wǔ sì diǎn, hǎo ma)

A: 好吧。 (hǎo ba)

B: 你家住在哪儿？ (nǐ jiā zhù zài nǎr)

A: 我家住在北京道 216 号 103 室。 (wǒ jiā zhù zài běi jīng dào … hào … shì)

B: 你家的电话号码是多少？ (nǐ jiā de diàn huà hào mǎ shì duō shao)

A: 25543001。

一起读！

你家住在哪儿？住在哪儿？ (nǐ jiā zhù zài nǎr? zhù zài nǎr?)
我家住在大理路，大理路。 (wǒ jiā zhù zài dà lǐ lù, dà lǐ lù.)
电话号码是多少？是多少？ (diàn huà hào mǎ shì duō shao? shì duō shao?)
二七八九五六四三。 (èr qī bā jiǔ wǔ liù sì sān.)

教学建议

- 学生熟悉例子后，可以两个人一组仿照例子做对话练习。
- 可以让学生根据自己的实际情况来编对话，不一定局限于书上提供的信息。

生词教学

- **回家**：利用学过的生词和句型做扩展练习，如"你几点回家？""你怎么回家？"等。
- **接、送**：可以结合时间一起练习。
- **一会儿**：指在很短的时间之内，可用在动词前作状语，如"我一会儿就回来"。
- 可以利用录音、PPT和生词卡片练习生词。

生词 2 70

❶ 回 (huí) return　回家 (huí jiā) go or come home　你晚上怎么回家？(nǐ wǎnshang zěn me huí jiā)

❷ 可 (kě) can; may　可以 (kě yǐ) can; may　两点，可以吗？(liǎng diǎn, kě yǐ ma)

❸ 接 (jiē) meet　我爸爸接我回家。(wǒ bà ba jiē wǒ huí jiā)

Grammar: "我" is both the object of "接" and the subject of "回家".

❹ 送 (sòng) see someone off　我妈妈开车送我。(wǒ mā ma kāi chē sòng wǒ)

❺ 时（時）(shí) time　❻ 候 (hòu) time; season　时候 (shí hou) time

你下午什么时候来我家？(nǐ xià wǔ shén me shí hou lái wǒ jiā)

Grammar: The answer to "什么时候" can be a specific year, month, day, date or time.

❼ 手 (shǒu) hand　手机 (shǒu jī) mobile phone　你的手机号码是多少？(nǐ de shǒu jī hào mǎ shì duō shao)

❽ 会儿 (huìr) moment　一会儿 (yí huìr) a little while　我们一会儿见！(wǒ men yí huìr jiàn)

3 设计情景，编对话

例子：

A: 你什么时候来我家？（nǐ shén me shí hou lái wǒ jiā）

B: 今天下午，可以吗？（jīn tiān xià wǔ kě yǐ ma）

A: 可以。几点？（kě yǐ jǐ diǎn）

B: 一点半，好吗？（yì diǎn bàn hǎo ma）

A: 好吧！（hǎo ba）

B: 你家住在哪儿？（nǐ jiā zhù zài nǎr）

A: 上行路 250 号 104 室。（shàng háng lù hào shì）

B: 我怎么去你家？（wǒ zěn me qù nǐ jiā）

A: 你可以坐公共汽车来。晚上我爸爸送你回家。（nǐ kě yǐ zuò gōng gòng qì chē lái wǎn shang wǒ bà ba sòng nǐ huí jiā）

B: 谢谢！你家的电话号码是多少？（xiè xie nǐ jiā de diàn huà hào mǎ shì duō shao）

A: 25240938。

B: 你的手机号码是多少？（nǐ de shǒu jī hào mǎ shì duō shao）

A: 96108847。一会儿见！（yí huìr jiàn）

B: 一会儿见！（yí huìr jiàn）

他的住址：上行路 250 号 104 室
他家的电话号码：25240938
他的手机号码：96108847
什么时候去：今天下午一点半
怎么去：坐公共汽车
怎么回：坐他爸爸的车

一起读！ 71

你怎么来我家？怎么来？（nǐ zěn me lái wǒ jiā zěn me lái）

妈妈开车送我去，送我去。（mā ma kāi chē sòng wǒ qù sòng wǒ qù）

你怎么回家？怎么回？（nǐ zěn me huí jiā zěn me huí）

爸爸开车去接我，去接我。（bà ba kāi chē qù jiē wǒ qù jiē wǒ）

教学建议

- 先练习“一起读”，熟悉编对话需要用到的部分句型。
- 老师提示对话中需要出现的信息，让学生根据关键信息来编对话。
- 练习后老师可以随机抽小组进行表演。

教学建议

- 可以让学生给课文中的两人起名字，将对话转为成段表达，如"王小星两点来李月家，她妈妈开车送她。晚上她爸爸接她回家。王小星家住在田园道92号803室，手机号码是96540831。"

课文2 

nǐ xià wǔ shén me shí hou lái wǒ jiā
你下午什么时候来我家？

liǎng diǎn， kě yǐ ma
两点，可以吗？

kě yǐ nǐ zěn me lái wǒ jiā
可以。你怎么来我家？

wǒ mā ma kāi chē sòng wǒ
我妈妈开车送我。

nǐ wǎn shang zěn me huí jiā
你晚上怎么回家？

wǒ bà ba jiē wǒ huí jiā nǐ jiā zhù zài nǎr
我爸爸接我回家。你家住在哪儿？

tián yuán dào hào shì
田园道92号803室。

nǐ de shǒu jī hào mǎ shì duō shao
你的手机号码是多少？

96540831。

wǒ men yí huìr jiàn
我们一会儿见！

yí huìr jiàn
一会儿见！

4 学偏旁部首

① 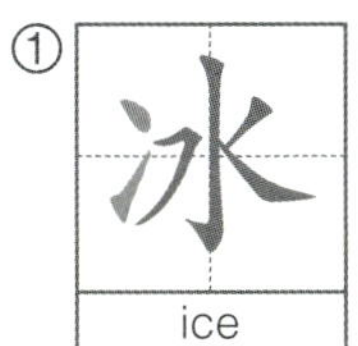
ice

② 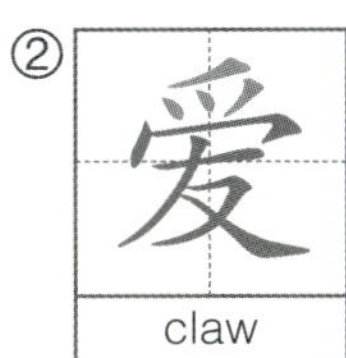
claw

③ 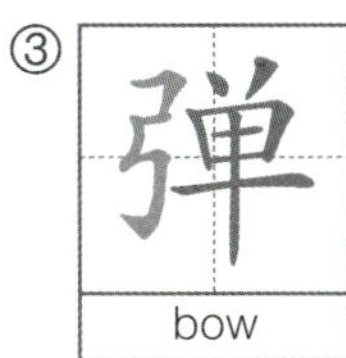
bow

④ 
strength

⑤ 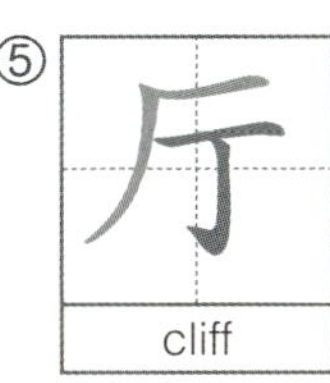
cliff

⑥ 
folding knife

⑦ 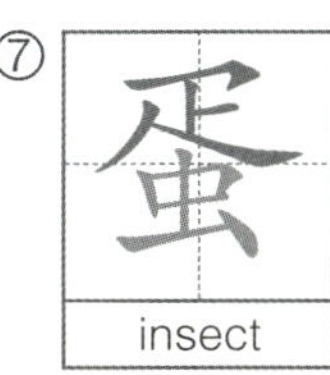
insect

⑧ 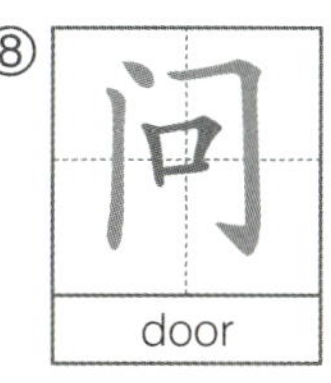
door

5 活动

你坐校车上学吗？	你爸爸工作忙吗？	你妈妈是家庭主妇吗？	你爷爷是经理吗？
你奶奶是老师吗？	你是独生子吗？	你是独生女吗？	你会说英语吗？
你有手机吗？	你跟爸爸说英语吗？	你爸爸是银行家吗？	你在中国出生吗？
你外公、外婆住在美国吗？	你是中学生吗？	你长得高吗？	你有弟弟吗？

这样做

- 问同学问题。每个同学只能被问一次。
- 给得到肯定答案的问题涂上颜色。
- 肯定答案先连成一条直线的学生胜出。

教学建议

- 先简单复习之前学过的偏旁部首。
- 展示新部首时，讲解意义并给出例字。

第 4 题　补充练习

说出以下汉字的偏旁部首：引、净、压、助、受、兔、间、蚕

教学建议

- 做好表格发给学生，让学生自由活动进行问答。
- 可以老师提问，学生将是肯定回答的问题涂上颜色，肯定答案先连成直线的学生胜出。
- 可以补充其他问题，制成更大的表格。

第 5 题　补充练习

1. 你爷爷会说汉语吗？
2. 你在香港出生吗？
3. 你姐姐在银行工作吗？
4. 你爸爸开车上班吗？

教学建议

- 注意提示学生每段对话有三道题。
- 听 2-3 遍录音，学生完成练习后，对答案。
- 再听一遍，引导学生听一句复述一句。

6 听录音，选择正确答案 73

① 王月的朋友家住在大同路 ____。
a) 439 号
b) 934 号
c) 349 号 (circled)

② 王月可以坐 ____ 去朋友家。
a) 地铁
b) 出租车
c) 公共汽车 (circled)

③ 王月 ____ 去朋友家。
a) 下午两点半 (circled)
b) 中午十二点半
c) 上午九点半

④ 小明的朋友 ____ 去他家。
a) 走路
b) 星期六上午 (circled)
c) 星期六晚上

⑤ 小明的朋友住在 ____。
a) 天月路
b) 天星路
c) 天星道 (circled)

⑥ 小明朋友家的电话号码是 ____。
a) 27685439 (circled)
b) 50397254
c) 28763459

教学建议

- 老师提前做好表格，发给学生。学生自由活动进行问答，老师要监督学生问答情况。问答结束后，可根据学生水平给出关键词或句型，提示学生汇报。
- 可以留作课后任务，让学生采访其他班级或学年的学生。学生将采访结果以图片和录音的形式发给老师或上传到班级内部网站上。

7 用所给问题问十个同学，然后向全班汇报

你每天怎么上学？

1) 爸爸开车送我上学。 下	6) 我坐电车上学。
2) 妈妈开车送我上学。 丅	7) 我坐火车上学。
3) 我坐校车上学。 下	8) 我坐地铁上学。
4) 我走路上学。 一	9) 我坐船上学。
5) 我坐出租车上学。	10) 我坐公共汽车上学。 一

例子：

sān ge tóng xué zuò bà ba de chē shàng xué liǎng ge tóng xué zuò mā ma de chē shàng xué sān ge tóng xué
三个同学坐爸爸的车上学。两个同学坐妈妈的车上学。三个同学
zuò xiào chē shàng xué yí ge tóng xué zǒu lù shàng xué yí ge tóng xué zuò gōng gòng qì chē shàng xué
坐校车上学。一个同学走路上学。一个同学坐公共汽车上学。

8 口头报告

Collect information about your best friend and then introduce him/her.

例子：

这是我的好朋友李汉明。

他是中国人。他会说英语、汉语和一点儿法语。

他家有四口人：爸爸、妈妈、弟弟和他。他爸爸是律师。他妈妈是家庭主妇。

他们一家人现在住在上海。他家住在长乐路10号405室。他家的电话号码是86357108。他的手机号码是13599685237。

李汉明今年十一岁，上六年级。他爸爸早上七点开车送他上学。他妈妈下午三点半开车接他回家。

姓名：李汉明
国籍：中国
语言：英语、汉语、一点儿法语
家庭成员：爸爸、妈妈、弟弟、他 爸爸：律师 妈妈：家庭主妇
住址：上海长乐路10号405室
家里的电话号码：86357108 手机号码：13599685237
上学：7:00 a.m.　爸爸开车送
回家：3:30 p.m.　妈妈开车接

国籍：nationality
成员：member

教学建议

- 可以留作课后任务。学生回去准备，下节课展示。
- 老师根据学生水平给出学生提纲或相关问题，帮助学生完成报告。

第十二课 请进

教学目标

1. 掌握祈使句、语气词“吧”(2)、“形容词+(一)点儿”、动词重叠、“能”“……以前”。
2. 学会如何礼貌地邀请、拒绝他人；学习道谢、道歉等礼貌用语。
3. 继续学习汉字偏旁部首。

教学重点

1. 生词重点：请、想、参加、能、行、以前
2. 短语重点：请进、对不起、没关系、不客气、请问、等一等、参加生日会
3. 语言点重点：祈使句、语气词“吧”(2)、动词重叠
4. 交际重点：学会礼貌邀请、拒绝他人。

教学提示

1. 祈使句

祈使句是表达要求、请求、命令别人做某事或不许做某事的句子，句尾常用感叹号。祈使句一般没有主语。句子前面可以加“请”表示礼貌，后面也可以加“吧”等语气词舒缓语气。

结构：(请)+谓语

示例：请进！

请坐吧！

2. 语气词“吧”(2)

本课中“吧”用在祈使句末尾表示建议。

结构：祈使句+吧

示例：吃饭吧！

请进吧！

3. **动词重叠**

汉语中有些动词可以重叠，重叠后表示动作持续时间短、轻微和尝试的意义。动词有单音节和双音节两种形式，本课涉及的是单音节动词重叠。

结构： AA 或 A 一 A

示例： 等等、看看

等一等、看一看

教学流程

1. 结合练习 1 学习生词 1，结合练习 2 学习课文 1。语言点 1 和语言点 2 可以在学习课文中重点讲解和练习。
2. 学习生词 2 和语言点 3，接着学习课文 2，完成其余练习。
3. 练习 4 作为汉字教学可单独进行。
4. 练习 3 涉及之前学习的句型，可以放在本课最后练习，作为复习总结。

第十二课　请进

生词教学

- 想：后面跟动词，表示希望做某事，中间可以插入时间成分。可以适当复习之前学过的动词造不同的句子。
- 对不起、没关系、不客气：可以设置情境来做练习。
- 可以利用录音、PPT 和生词卡片练习生词。

生词 1

74

1. qǐng 请（請） please
2. jìn 进（進） enter　qǐng jìn 请进！

Grammar: The subject is not needed when asking someone to do something.

3. zuò 坐 sit　qǐng zuò 请坐！
4. hē 喝 drink
5. shuǐ 水 water　qì shuǐ 汽水 fizzy drinks　wǒ hē qì shuǐ 我喝汽水。
6. chī 吃 eat
7. guǒ 果 fruit　shuǐ guǒ 水果 fruit
8. ba 吧 a particle　chī shuǐ guǒ ba 吃水果吧！

Grammar: "吧" can be put at the end of a sentence when making a suggestion.

9. xiǎng 想 want; would like　wǒ xiǎng zǎo diǎnr huí jiā 我想早点儿回家。

Grammar: "（一）点儿" can be put after an adjective.

10. bú kè qi 不客气（氣） (a set phrase) you're welcome
11. duì bu qǐ 对不起 (a set phrase) I'm sorry; excuse me
12. méi guān xi 没关（關）系（係） (a set phrase) it doesn't matter; never mind
13. huì 会 will　wǒ mā ma huì kāi chē lái jiē wǒ 我妈妈会开车来接我。

1 完成对话

例子：

①

②

③

④

⑤

你可以用

a) 对不起！(duì bu qǐ)

b) 谢谢！(xiè xie)

c) 再见！(zài jiàn)

d) 不客气。(bú kè qi)

e) 没关系。(méi guān xi)

f) 请进！(qǐng jìn)

g) 请坐！(qǐng zuò)

h) 请喝水。(qǐng hē shuǐ)

i) 请吃水果。(qǐng chī shuǐ guǒ)

一起读！

qǐng jìn, qǐng zuò, kuài qǐng zuò!
请进，请坐，快请坐！

qǐng hē qì shuǐ, chī shuǐ guǒ.
请喝汽水，吃水果。

xiè xie nǐ, xiè xie nǐ!
谢谢你，谢谢你！

bú kè qi, bú kè qi.
不客气，不客气。

duì bu qǐ, duì bu qǐ.
对不起，对不起。

bù hē qì shuǐ, xiǎng hē shuǐ.
不喝汽水，想喝水。

méi guān xi, méi guān xi.
没关系，没关系。

qǐng nǐ hē shuǐ, qǐng hē shuǐ.
请你喝水，请喝水。

教学建议

- 读熟“一起读”后根据节奏背诵。
- 在 PPT 上展示图片，让学生根据情景填空。
- 学生可以自由设置情境，进行表演。

教学建议

- 可以提出几个问题，让学生带着问题听录音，导入课文学习。
- 可以给出一些有信息的图片或让学生自己设置情境，仿照课文编对话。

课文 1

1

wáng jīng qǐng jìn qǐng zuò nǐ xiǎng hē diǎnr shén me
王京，请进！请坐！你想喝点儿什么？

wǒ xiǎng hē qì shuǐ xiè xie
我想喝汽水。谢谢！

bú kè qi chī shuǐ guǒ ba
不客气。吃水果吧！

hǎo xiè xie
好。谢谢！

2

duì bu qǐ wǒ xiǎng zǎo diǎnr huí jiā
对不起，我想早点儿回家。

méi guān xi nǐ xiǎng jǐ diǎn huí jiā
没关系。你想几点回家？

wǒ xiǎng sì diǎn huí jiā
我想四点回家。

nǐ zěn me huí jiā
你怎么回家？

wǒ mā ma huì kāi chē lái jiē wǒ
我妈妈会开车来接我。

112

2 设计情景，编对话

例子：

（在学校）

友和：你什么时候来我家？

王飞：下午四点，好吗？

友和：好。

王飞：你家住在哪儿？

友和：上好路92号204室。

王飞：我怎么去你家？

……

（在友和家里）

友和：请进！吃水果吧！

王飞：谢谢！

……

王飞：我想回家了。

友和：好。你怎么回家？

……

你可以用

a) 请进！ b) 请坐！
c) 请喝汽水。 d) 请吃水果。
e) 谢谢！ f) 不客气。
g) 对不起。 h) 没关系。
i) 你什么时候来我家？
j) 我下午两点去你家，好吗？
k) 你可以坐公共汽车来我家。
l) 我妈妈会开车来接我。
m) 你可以先坐船，然后坐电车来我家。
n) 我们一会儿见！
o) 明天见！

教学建议

- 可以给出家庭地址、见面时间、吃什么、喝什么、用什么交通方式回家等信息，让学生仿照例子编对话。
- 鼓励学生用“你可以用”中的句子编对话。

生词教学

- **请问**：常用的礼貌用语，提醒学生在打电话找人或询问别人问题时使用。
- **叫**：可以放在兼语句或连动句中做扩展练习，如"我叫他去学校""我去叫他"。
- **能**：复习"会"的用法，比较"能"和"会"。注意本课中"能""会"的用法都表示可能性。
- **行**：用法和"好"相似，后面可以加"吗""吧"等语气词。
- **以前**：可以根据学生水平补充"时间词＋以后"的用法。
- 可以利用录音、PPT和生词卡片练习生词。

生词 2 

❶ shū shu 叔（叔） uncle; a form of address for any man of father's generation

❷ wèn 问（問） ask　qǐng wèn 请问 excuse me; may I ask　❸ jiào 叫 call

❹ děng 等 wait　děng yi děng 等（一）等 wait a minute

qǐng děng yi děng, wǒ qù jiào tā
请等一等，我去叫他。

> **Grammar:** a) Certain verbs may be repeated to show a short and quick action.
> b) If the verb is only one word, "一" can be put in between.

❺ kāi 开 hold

❻ huì 会 meeting; party　shēng rì huì 生日会 birthday party

wǒ míng tiān zài jiā kāi shēng rì huì
我明天在家开生日会。

> **Grammar:** A time word is always put before a place word.

❼ qǐng 请 invite

❽ cān 参（參） join　❾ jiā 加 add　cān jiā 参加 take part in; join in

wǒ qǐng nǐ cān jiā wǒ de shēng rì huì
我请你参加我的生日会。

❿ néng 能 can; may

nǐ néng lái ma
你能来吗？

> **Grammar:** a) "会" and "能" both indicate possibility.
> b) "能" indicates there is a condition to make something possible.

⓫ xíng 行 be alright

wǒ qù xiǎo yuè jiā, xíng ma? xíng.
我去小月家，行吗？行。

> **Grammar:** "行", "好", "可以" are similar.

⓬ dào 到 arrive; to　⓭ qián 前 before　yǐ qián 以前 before

nǐ xià wǔ sān diǎn yǐ qián dào wǒ jiā, xíng ma
你下午三点以前到我家，行吗？

> **Grammar:** Pattern: Time Word + 以前, ...

3 用所给问题编对话

nǐ jiào shén me míng zi nǐ jīn nián shàng jǐ nián jí
1) 你叫什么名字？你今年上几年级？

nǐ shì nǎ guó rén nǐ zài nǎr chū shēng
2) 你是哪国人？你在哪儿出生？

nǐ bà ba shì nǎ guó rén nǐ mā ma shì nǎ guó rén
3) 你爸爸是哪国人？你妈妈是哪国人？

nǐ zài jiā gēn bà ba mā ma shuō shén me yǔ yán
4) 你在家跟爸爸、妈妈说什么语言？

nǐ yǒu xiōng dì jiě mèi ma yǒu jǐ ge nǐ gē ge jīn nián shàng jǐ nián jí
5) 你有兄弟姐妹吗？有几个？你哥哥今年上几年级？

nǐ bà ba gōng zuò ma tā zuò shén me gōng zuò tā měi tiān zěn me shàng bān tā jǐ diǎn shàng bān jǐ diǎn xià bān tā gōng zuò máng ma tā jīng cháng chū chāi ma tā yì bān qù nǎr chū chāi nǐ mā ma gōng zuò ma
6) 你爸爸工作吗？他做什么工作？他每天怎么上班？他几点上班？几点下班？他工作忙吗？他经常出差吗？他一般去哪儿出差？你妈妈工作吗？

nǐ de shēng rì shì jǐ yuè jǐ hào nǐ měi nián dōu zài jiā kāi shēng rì huì ma nǐ jīng cháng cān jiā péng you de shēng rì huì ma
7) 你的生日是几月几号？你每年都在家开生日会吗？你经常参加朋友的生日会吗？

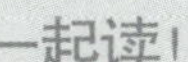

一起读！ 78

xiè cháng zài ma xiè cháng zài ma
谢常在吗？谢常在吗？

xiè cháng zài jiā xiè cháng zài jiā
谢常在家，谢常在家。

shēng rì huì nǐ néng lái ma
生日会，你能来吗？

wǒ néng cān jiā wǒ néng cān jiā
我能参加，我能参加。

教学建议

- 可以采用轮换的方式进行问答训练：学生面对面站成两排，两两一组在规定时间里按题目顺序互相问答，时间到了以后都向右一步换新的问答对象，新的小组以速度较慢的一方为准继续问答，直到问完所有问题。

教学建议

- 可以提出几个问题，让学生带着问题听录音，导入课文学习。
- 两段对话可以作为一个整体来学习，老师可以通过提问检测学生对课文内容的熟悉情况。
- 可以给出一些信息，如“王家明生日会、明天下午四点、家庭地址”等，让学生模仿课文编对话。

课文 2 79

1

shū shu nín hǎo wǒ shì wáng jiā shēng
叔叔，您好！我是王加生。
qǐng wèn xiè cháng zài jiā ma
请问，谢常在家吗？

zài qǐng děng yi děng wǒ qù jiào tā
在。请等一等，我去叫他。

2

jiā shēng nǐ hǎo
加生，你好！

xiè cháng wǒ míng tiān zài jiā kāi shēng rì huì wǒ
谢常，我明天在家开生日会。我
qǐng nǐ cān jiā nǐ néng lái ma
请你参加。你能来吗？

wǒ néng qù wǒ shén me shí hou qù nǐ jiā
我能去。我什么时候去你家？

nǐ xià wǔ sān diǎn yǐ qián dào wǒ jiā xíng ma
你下午三点以前到我家，行吗？

xíng wǒ zěn me qù nǐ jiā
行。我怎么去你家？

nǐ kě yǐ zǒu lù lái wǒ jiā
你可以走路来我家。

hǎo wǒ men míng tiān jiàn
好。我们明天见！

míng tiān jiàn
明天见！

4 学偏旁部首

① 
ornament

② 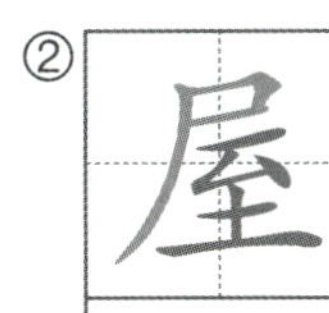
corpse

③ 
household

④ 
small

⑤ 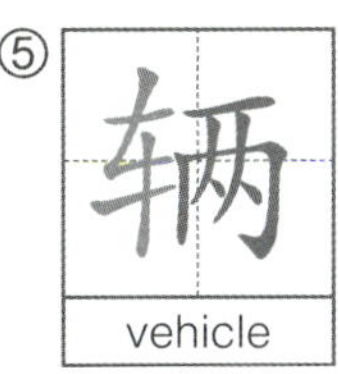
vehicle

⑥ 
cow

⑦ 
fire

⑧ 
horse

5 听录音，选择正确答案 80

①
大年 ____ 去田阿姨家。
a) 坐地铁
(b) 坐爸爸的车
c) 走路

②
大年的妈妈 ____。
(a) 去中国了
b) 在家
c) 不工作

③
田阿姨 ____ 送大年回家。
a) 走路
(b) 开车
c) 不

④
小明 ____ 开生日会。
a) 星期五上午
b) 上午十点到十二点
(c) 下午四点到六点

⑤
他在 ____ 开生日会。
a) 酒店
(b) 家
c) 饭店

⑥
他的朋友 ____ 去参加生日会。
a) 不能
(b) 坐小明妈妈的车
c) 坐公共汽车

教学建议

- 先简单复习之前学过的偏旁部首。
- 展示新部首时，讲解意义并给出例字。

第 4 题　补充练习

说出以下汉字的偏旁部首：灯、驴、牧、斩、启、层、堂、形

教学建议

- 注意提示学生每段对话有三道题。
- 听 2-3 遍录音，学生完成练习后，对答案。
- 再听一遍，引导学生听一句复述一句。

教学建议

- 老师可以先领读，让学生熟悉对话。
- 练习后表演。对话中的时间信息老师可以给出提示，也可以让学生自由发挥。

6 角色扮演

①

bà ba nǐ zài nǎr
爸爸，你在哪儿？

wǒ zài gōng sī
我在公司。

nǐ shén me shí hou huí jiā
你什么时候回家？

wǎn shang qī diǎn
晚上七点。

wǒ jīn tiān xià wǔ wǔ diǎn zài jiā kāi shēng rì huì
我今天下午五点在家开生日会。

hǎo wǒ jīn tiān zǎo diǎnr huí jiā
好。我今天早点儿回家。

②

mā ma nǐ jīn tiān néng zǎo diǎnr huí jiā ma
妈妈，你今天能早点儿回家吗？

bù néng wǒ liù diǎn kāi huì
不能，我六点开会。

nǐ shén me shí hou huí jiā
你什么时候回家？

wǎn shang bā diǎn
晚上八点。

wǒ qù xiǎo yuè jiā xíng ma
我去小月家，行吗？

xíng dàn shì nǐ bā diǎn yǐ qián huí jiā kě yǐ ma
行，但是你八点以前回家，可以吗？

xíng wǎn shang jiàn
行。晚上见！

zài jiàn
再见！

7 设计情景，编对话

例子：

míng tiān shì nǐ de shēng rì nǐ míng tiān kāi shēng rì huì ma
A: 明天是你的生日。你明天开生日会吗？

kāi wǒ zài jiā kāi shēng rì huì nǐ néng lái ma
B: 开。我在家开生日会。你能来吗？

nǐ jǐ diǎn kāi shēng rì huì
A: 你几点开生日会？

xià wǔ liǎng diǎn bàn
B: 下午两点半。

duì bu qǐ wǒ bù néng qù
A: 对不起，我不能去。

méi guān xi nǐ sì diǎn yǐ qián lái xíng ma
B: 没关系。你四点以前来，行吗？

A: ……

nǐ zěn me lái wǒ jiā
B: 你怎么来我家？

……

你可以用

wǒ xià wǔ wǔ diǎn qù nǐ jiā xíng ma
a) 我下午五点去你家，行吗？

wǒ xiǎng zǎo diǎnr huí jiā kě yǐ ma
b) 我想早点儿回家，可以吗？

nǐ shén me shí hou lái
c) 你什么时候来？

wǒ bà ba huì kāi chē qù jiē wǒ
d) 我爸爸会开车去接我。

wǒ kě yǐ zuò sì diǎn de chuán qù nǐ jiā
e) 我可以坐四点的船去你家。

wǒ men míng tiān jiàn
f) 我们明天见！

教学建议

- 可以让学生结合例子，自己设计情景。
- 程度低的学生可以参考“你可以用”中的句子来编对话，程度高的学生可以在对话中补充更多信息。
- 学生分小组练习后，向班级展示成果。老师和其他学生可以根据评分标准评选出最佳表演组。

第十三课　我六点半起床

教学目标

1. 理解并掌握"从……到……""一会儿""……以后"。
2. 进一步学习时间词作状语。
3. 询问并描述日常作息和日常生活。
4. 继续学习汉字偏旁部首。

教学重点

1. 生词重点：开始、睡觉、上网、以后
2. 短语重点：做作业、看电视
3. 语言点重点：时间词作状语、"从……到……""……以前 / 以后"、离合词
4. 交际重点：描述日常作息时间和日常生活。

教学提示

1. 时间词作状语

汉语中时间词可以作状语，用来表达动作或状态发生的时间。状语位于谓语前（可在主语前，也可在主语后）。本课描述一天行为的作息时间，常常把主语放在最前面。

结构： 主语 + 时间词 + 谓语

示例： 我早上七点起床。

爸爸晚上六点半下班。

2. 从……到……

表示从一个时间开始、到一个时间结束的持续过程。

结构： 从 + 时间点 $_1$ + 到 + 时间点 $_2$

示例： 从星期一到星期五，我早上七点上学。

从晚上九点到十点，我看电视。

3. **……以后**

表示现在或所提到的时间点后面的时间。这个时间点可以是名词性成分，也可以是动词性成分。

结构： 时间点 + 以后

示例： 八点以后，我去上学。

吃饭以后，我去做作业。

4. **离合词**

汉语中有一些动宾式的词语和一些动宾短语，动词和宾语之间可以插入成分。本课中主要插入的成分是时间段。

结构： 动词 + 时间词 + 宾语

示例： 睡一会儿觉

上一个小时网

教学流程

1. 练习 1 可以在讲练完生词 1 后进行，可适当补充一些图片巩固练习。
2. 生词 2 的相关动作行为讲完后，即可做练习 3。
3. 练习 4 和练习 6 偏旁部首可以单独学习。
4. 练习 2 和练习 8 可以留作课后任务。

第十三课 我六点半起床

生词教学

- 老师可以准备一张日常作息的大图，展示出作息行为和时间，讲解生词。
- 除了问学生几点做什么之外，还可以采用小组互问、接龙问答、抢答等方式练习生词。
- 可以利用录音、PPT和生词卡片练习生词。

生词 1 

❶ qǐ 起 get up　❷ chuáng 床（牀）bed　qǐ chuáng 起床 get out of bed　nǐ yì bān zǎo shang jǐ diǎn qǐ chuáng 你一般早上几点起床？

❸ zǎo fàn 早饭 breakfast　nǐ měi tiān dōu chī zǎo fàn ma 你每天都吃早饭吗？

❹ wǔ fàn 午饭 lunch　nǐ yì bān jǐ diǎn chī wǔ fàn 你一般几点吃午饭？

❺ wǎn fàn 晚饭 dinner　nǐ men jiā yì bān jǐ diǎn chī wǎn fàn 你们家一般几点吃晚饭？

❻ kāi 开 start　❼ shǐ 始 start　kāi shǐ 开始 start

❽ kè 课（課）lesson; class　shàng kè 上课 attend a class　nǐ men zǎo shang jǐ diǎn kāi shǐ shàng kè 你们早上几点开始上课？

❾ fàng 放 let out　fàng xué 放学 school is over　nǐ men xià wǔ jǐ diǎn fàng xué 你们下午几点放学？

❿ yè 业（業）school work　zuò yè 作业 homework　zuò zuò yè 做作业 do homework
nǐ wǎn shang jǐ diǎn kāi shǐ zuò zuò yè 你晚上几点开始做作业？

⓫ shuì 睡 sleep　⓬ jiào 觉（覺）sleep　shuì jiào 睡觉 sleep　nǐ jǐ diǎn shuì jiào 你几点睡觉？

1 模仿例子，看图说话

例子：

tā yì bān zǎo shang qī diǎn qǐ chuáng
他一般早上七点起床。

一起读！ 82

wǒ liù diǎn qǐ chuáng, chī zǎo fàn,
我六点起床，吃早饭，

wǒ qī diǎn qù shàng xué.
我七点去上学。

wǒ shí èr diǎn xià kè, chī wǔ fàn,
我十二点下课，吃午饭，

wǒ sān diǎn bàn fàng xué.
我三点半放学。

wǒ liù diǎn yí kè chī wǎn fàn,
我六点一刻吃晚饭，

wǒ jiǔ diǎn bàn shuì jiào.
我九点半睡觉。

wǒ jiǔ diǎn bàn shuì jiào.
我九点半睡觉。

下课：class is over

①

他一般早上七点一刻吃早饭。
他一般早上八点上学。

②

他一般早上八点二十上课。
他一般中午一点半吃午饭。

③

他一般下午三点半放学。
他一般晚上七点吃晚饭。

④

他一般晚上八点做作业。
他一般晚上九点半睡觉。

121

教学建议

- 补充生词“下课”。
- 老师展示图片，学生根据图片说句子。
- 可以由一个学生提问，一个学生回答。

教学建议

- 让学生找出课文中所有的时间和做的事，用“我几点做什么”的形式转述课文。
- 让学生制作自己的作息时间表，然后仿照课文编对话。

课文 1

83

nǐ yì bān zǎo shang jǐ diǎn qǐ chuáng
你一般早上几点起床？

liù diǎn bàn
六点半。

nǐ měi tiān dōu chī zǎo fàn ma
你每天都吃早饭吗？

wǒ měi tiān dōu chī
我每天都吃。

nǐ měi tiān zěn me shàng xué
你每天怎么上学？

wǒ bà ba kāi chē sòng wǒ shàng xué
我爸爸开车送我上学。

nǐ men zǎo shang jǐ diǎn kāi shǐ shàng kè
你们早上几点开始上课？

bā diǎn yí kè
八点一刻。

nǐ yì bān jǐ diǎn chī wǔ fàn
你一般几点吃午饭？

shí èr diǎn bàn
十二点半。

nǐ men xià wǔ jǐ diǎn fàng xué
你们下午几点放学？

sān diǎn èr shí
三点二十。

nǐ men jiā yì bān jǐ diǎn chī wǎn fàn
你们家一般几点吃晚饭？

qī diǎn
七点。

nǐ wǎn shang jǐ diǎn kāi shǐ zuò zuò yè
你晚上几点开始做作业？

bā diǎn
八点。

nǐ jǐ diǎn shuì jiào
你几点睡觉？

jiǔ diǎn bàn
九点半。

2 采访同桌，然后向全班介绍他 / 她

问　题	
1) 你一般早上几点起床?	6) 你一般几点吃午饭?
2) 你每天都吃早饭吗?	7) 你们下午几点放学?
3) 你早上怎么上学?	8) 你们家一般几点吃晚饭?
4) 你下午怎么回家?	9) 你晚上几点开始做作业?
5) 你们早上几点开始上课?	10) 你一般几点睡觉?

例子：

tā yì bān zǎo shang liù diǎn bàn qǐ chuáng tā měi
他一般早上六点半起床。他每
tiān dōu chī zǎo fàn měi tiān zǎo shang tā bà ba dōu kāi
天都吃早饭。每天早上他爸爸都开
chē sòng tā shàng xué xià wǔ tā mā ma kāi chē jiē tā
车送他上学，下午他妈妈开车接他
huí jiā tā men xué xiào zǎo shang bā diǎn yí kè kāi shǐ
回家。他们学校早上八点一刻开始
shàng kè tā zhōng wǔ yī diǎn zài xué xiào chī wǔ fàn
上课。他中午一点在学校吃午饭。
tā men xià wǔ sān diǎn èr shí fàng xué tā men jiā yì
他们下午三点二十放学。他们家一
bān qī diǎn bàn chī wǎn fàn tā bā diǎn bàn kāi shǐ zuò
般七点半吃晚饭。他八点半开始做
zuò yè tā yì bān shí diǎn shuì jiào
作业。他一般十点睡觉。

教学建议

- 可以先领读例子 2-3 遍，然后请学生自由阅读。
- 老师根据例子内容提问，帮助学生理解。
- 分组，提问书上的问题，学生根据自己的情况回答。
- 学生采访时可以把信息记录下来，将对方的回答串联起来，形成段落表达。

生词教学

- 老师给出不同时间（年、月、日、星期、时间）和行为动作，帮助学生练习“从……到……”。
- 吃零食、看电视、上网：动词和宾语间都可插入如“一会儿”等表示时间段的词，如“吃一会儿零食”“看三个小时电视”等。
- 复习“以前”，引入“以后”。
- 可以利用录音、PPT和生词卡片练习生词。

生词 2 

1. cóng 从（從） from　cóng 从……dào 到…… from... to...

cóng xīng qī yī dào xīng qī wǔ, wǒ zǎo shang qī diǎn qǐ chuáng.
从星期一到星期五，我早上七点起床。

2. líng 零 bits and pieces　3. shí 食 food　líng shí 零食 snacks

4. kàn 看 read; watch　5. shū 书 book　kàn shū 看书 read a book

6. shì 视（視） look; view　diàn shì 电视 television　kàn diàn shì 看电视 watch TV

wǒ xiān kàn yí huìr diàn shì, rán hòu kàn shū.
我先看一会儿电视，然后看书。

Grammar: **“一会儿” can be put between the verb and its object.**

7. shàng 上 go　8. wǎng 网（網） Internet　shàng wǎng 上网 go on the Internet

9. yǐ hòu 以后 after

wǎn fàn yǐ hòu, wǒ xiān kàn yí huìr diàn shì, rán hòu kàn shū.
晚饭以后，我先看一会儿电视，然后看书。

Grammar: **Pattern: Noun Phrase + 以后 / 以前, ...**

dào jiā yǐ hòu, wǒ xiān chī diǎnr líng shí, rán hòu zuò zuò yè.
到家以后，我先吃点儿零食，然后做作业。

Grammar: **Pattern: Verb Phrase + 以后 / 以前, ...**

10. shuā 刷 brush　11. yá 牙 tooth　shuā yá 刷牙 brush teeth

3 模仿例子，看图说话并写下来 见参考答案

tā xiān kàn
他先看……

例子：

tā xiān kàn yí huìr diàn shì rán hòu zuò zuò yè
他先看一会儿电视，然后做作业。

① 

tā xiān shàng
她先上……

② 

tā xiān zuò
他先做……

③ 

tā xiān kàn
她先看……

④ 

tā xiān kàn
他先看……

4 学偏旁部首

① 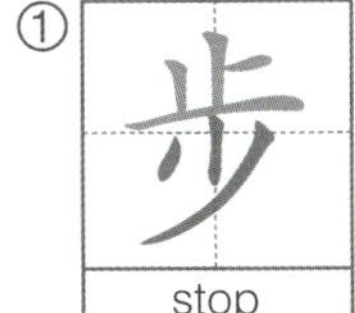
stop

② 
basket

③ 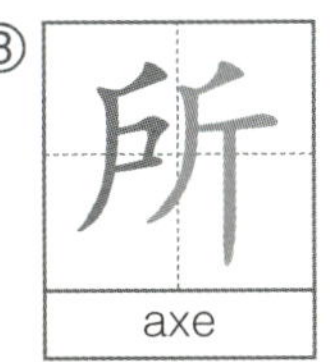
axe

④ 
private

⑤ 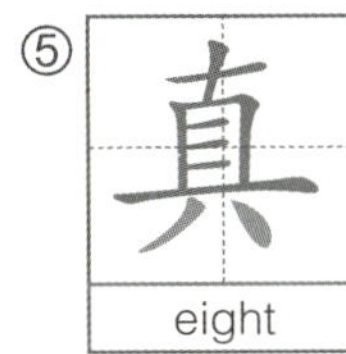
eight

⑥ 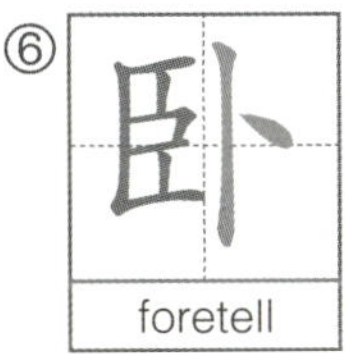
foretell

⑦ 
tongue

⑧ 
leather

教学建议

- 老师展示图片，给出提示词，学生描述图片。
- 也可以老师展示图片并提问，学生回答。

教学建议

- 先简单复习上节课学过的偏旁部首。
- 展示新部首时，讲解意义并给出例字。

第4题 补充练习

说出以下汉字的偏旁部首：鞭、匡、靳、黄、允、甜、齿、外

第3题 参考答案

1. 她先上一会儿网，然后睡觉。
2. 他先做一会儿作业，然后吃晚饭。
3. 她先看一会儿电视，然后睡觉。
4. 他先看一会儿书，然后做作业。

教学建议

- 老师可以提出一些问题，如“高放下午几点放学？”，利用课文听力导入学习。
- 老师根据课文内容提问检验学生理解情况。
- 可以让学生将高放一天的活动画出来，然后按照时间顺序将这些活动用线连起来，并标注出活动发生的时间。
- 可以让学生根据自己画的图复述课文。

课文 2 

wǒ jiào gāo fàng wǒ jīn nián shí èr suì shàng
我叫高放。我今年十二岁，上
qī nián jí wǒ zài yì suǒ yīng guó xué xiào shàng xué
七年级。我在一所英国学校上学。

cóng xīng qī yī dào xīng qī wǔ wǒ zǎo shang
从星期一到星期五，我早上
qī diǎn qǐ chuáng qī diǎn bàn chī zǎo fàn wǒ bā diǎn
七点起床，七点半吃早饭。我八点
zǒu lù qù shàng xué bā diǎn yí kè dào xué xiào
走路去上学，八点一刻到学校。
wǒ men bā diǎn bàn kāi shǐ shàng kè xià wǔ sān diǎn
我们八点半开始上课，下午三点
bàn fàng xué wǒ mā ma kāi chē jiē wǒ huí jiā dào
半放学。我妈妈开车接我回家。到
jiā yǐ hòu wǒ xiān chī diǎnr líng shí rán hòu zuò
家以后，我先吃点儿零食，然后做
zuò yè wǒ men jiā yì bān qī diǎn chī wǎn fàn wǎn
作业。我们家一般七点吃晚饭。晚
fàn yǐ hòu wǒ xiān kàn yí huìr diàn shì shàng yí
饭以后，我先看一会儿电视，上一
huìr wǎng rán hòu kàn shū wǒ yì bān jiǔ diǎn bàn
会儿网，然后看书。我一般九点半
shuā yá shuì jiào
刷牙、睡觉。

5 听录音，选择正确答案 86

① 她早上____起床。
a) 六点三刻
b) 七点一刻
c) 六点

② 她每天都____。
a) 坐校车上学
b) 走路上学
c) 吃早饭

③ 她____回家。
a) 三点放学
b) 坐同学妈妈的车
c) 坐地铁

④ 他一般____。
a) 四点放学
b) 四点到家
c) 走路回家

⑤ 到家以后，他先____。
a) 吃午饭
b) 吃零食
c) 做作业

⑥ 他晚饭以后____。
a) 做作业
b) 不看电视
c) 不看书

教学建议

- 注意提示学生每段对话有三道题。
- 听 2-3 遍录音，学生完成练习后，对答案。
- 再听一遍，引导学生听一句复述一句。
- 可以让学生参照录音文本表演对话。

6 活动

这样做

- 两人一组。
- 在规定的时间里记住下面的偏旁部首。
- 老师给学生听写。
- 写对最多的组胜出。

偏旁部首：

口	亻	人	日	月	白	讠	礻	忄	灬	雨	刂
差	王	夕	宀	山	纟	阝	女	心	父	氵	辶

教学建议

- 听写偏旁部首，看谁写对的最多。
- 可以让一个汉字程度好的学生到前面来写，其他学生在座位上写。不会写的可以抬头看前面的示范。示范的同学如果写错老师要及时纠正。

教学建议

- 老师展示图片，学生根据图片描述句子。
- 将学生分成小组，准备几组图片分发给学生。小组成员根据图片内容写句子，每个小组成员都要参与。在规定时间内正确完成全部句子的小组获胜。

7 模仿例子，看图说话并写下来

wǎn fàn yǐ hòu tā
晚饭以后，他……

例子：

wǎn fàn yǐ hòu tā yì bān xiān shàng wǎng
晚饭以后，他一般先上网，
rán hòu kàn shū
然后看书。

① 

qǐ chuáng yǐ hòu tā
起床以后，她一般先吃早饭，然后走路上学。

② 

fàng xué yǐ hòu tā
放学以后，他一般先走路，然后做公共汽车回家。

③ 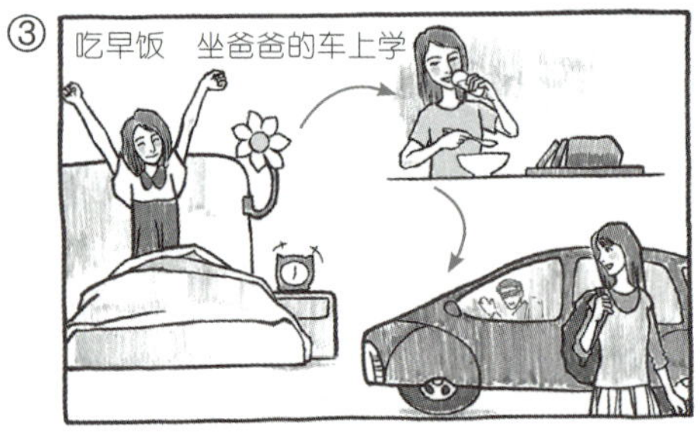

qǐ chuáng yǐ hòu tā
起床以后，她一般先吃早饭，然后坐爸爸的车上学。

④ 

bā diǎn yǐ hòu tā
八点以后，他一般先看电视，然后睡觉。

8 口头报告

Introduce yourself. You should include:

- your name, age, grade and nationality
- language(s) you speak
- daily routine
- things you like to do

一起读！ 87

qǐ chuáng shàng xué shàng xià kè
起床、上学、上、下课，

chī fàn hē shuǐ chī líng shí
吃饭、喝水、吃零食。

fàng xué huí jiā zuò zuò yè
放学、回家、做作业，

kàn shū shàng wǎng kàn diàn shì
看书、上网、看电视。

例子：

wǒ jiào wáng tiān xǐ wǒ jīn nián shí suì shàng liù nián jí wǒ bà ba shì zhōng guó rén mā ma shì měi guó rén wǒ huì shuō hàn yǔ yīng yǔ hé yì diǎnr rì yǔ
我叫王天喜。我今年十岁，上六年级。我爸爸是中国人，妈妈是美国人。我会说汉语、英语和一点儿日语。

cóng xīng qī yī dào xīng qī wǔ wǒ zǎo shang qī diǎn qǐ chuáng wǒ měi tiān dōu chī zǎo fàn zǎo fàn yǐ hòu wǒ bà ba kāi chē sòng wǒ shàng xué wǒ men bā diǎn kāi shǐ shàng kè zhōng wǔ shí èr diǎn bàn chī wǔ fàn xià wǔ sān diǎn yí kè fàng xué wǒ mā ma kāi chē jiē wǒ huí jiā dào jiā yǐ hòu wǒ xiān chī diǎnr líng shí rán hòu zuò zuò yè wǒ men jiā yì bān qī diǎn chī wǎn fàn wǎn fàn yǐ hòu wǒ xiān kàn yí huìr diàn shì rán hòu shàng wǎng wǒ yì bān jiǔ diǎn shuā yá shuì jiào
从星期一到星期五，我早上七点起床。我每天都吃早饭。早饭以后，我爸爸开车送我上学。我们八点开始上课，中午十二点半吃午饭，下午三点一刻放学。我妈妈开车接我回家。到家以后，我先吃点儿零食，然后做作业。我们家一般七点吃晚饭。晚饭以后，我先看一会儿电视，然后上网。我一般九点刷牙、睡觉。

wǒ xǐ huan kàn shū kàn diàn shì hé shàng wǎng
我喜欢看书、看电视和上网。

教学建议

- 可以留作课后任务。学生回去准备，下节课展示。
- 老师根据学生水平给出提纲或相关问题，帮助学生完成报告。

第十四课 我穿校服上学

教学目标

1. 掌握常用颜色词、常见服饰。
2. 掌握“有”表示列举的用法和“的”字短语代替名词的用法。
3. 继续学习汉字偏旁部首。
4. 描述物品的颜色，表达自己的喜好。

教学重点

1. 生词重点：颜色、穿、喜欢、等等
2. 语言点重点：“有”表示列举
3. 交际重点：描述物品的颜色，表达喜好。

教学提示

“有”表示列举

汉语中可以用“有”表示列举。一般列举之前有一个前提引起话题。

结构：（前提），有 + 宾语 $_1$+（宾语 $_2$+ 宾语 $_3$+……+ 等等）

示例： 爸爸有很多衬衫，有黑色的，有白色的，有蓝色的等等。

他有很多朋友，有英国人，有日本人，有法国人等等。

教学流程

1. 结合练习 1 学习生词 1，结合练习 2 学习课文 1。
2. 学习生词 2 和课文 2。语言点“有”可以在学习课文 2 时讲解，结合练习 5 进行练习。
3. 练习 6 和练习 7 可以单独学习。
4. 练习 8 口头报告可以留作课后任务完成。

第十四课　我穿校服上学

生词教学

- 学习颜色词和服装词之后，可以把两者结合在一起，展示图片让学生描述，如“红色的T恤衫”。
- 喜欢：心理活动动词，后面可以跟名词性成分，如“我喜欢红色”；也可以跟动词性成分，如“我喜欢开车”。否定形式是“不喜欢”。
- 可以展示穿不同颜色服装的人物，请学生说出完整的句子，如“他穿黑色的牛仔裤和白色的衬衫”。
- 她们：可以兼带复习其他人称代词。
- 可以利用录音、PPT和生词卡片练习生词。

生词 1 

1. nán 男 male　nán shēng 男生 boy student　2. nǚ 女 female　nǚ shēng 女生 girl student
3. yán 颜（顏）colour　4. sè 色 colour　yán sè 颜色 colour
5. bái 白 white　bái sè 白色 white　6. hóng 红（紅）red　hóng sè 红色 red
7. lán 蓝（藍）blue　lán sè 蓝色 blue　8. huáng 黄 yellow　huáng sè 黄色 yellow
9. xǐ 喜 be fond of　10. huān 欢（歡）happy　xǐ huan 喜欢 like
11. fú 服 clothes　xiào fú 校服 school uniform　wǒ bù xǐ huan xiào fú de yán sè 我不喜欢校服的颜色。
12. chuān 穿 wear　nǐ men xué xiào de xué shēng chuān xiào fú ma 你们学校的学生穿校服吗？
13. chèn 衬（襯）liner　14. shān 衫 top (clothes)　chèn shān 衬衫 shirt
15. kù 裤（褲）trousers　kù zi 裤子 trousers　tā men chuān bái chèn shān hé lán kù zi 他们穿白衬衫和蓝裤子。
16. qún 裙 skirt　qún zi 裙子 skirt
17. tā men 她们 they; them　tā men chuān huáng sè de chèn shān hé hóng sè de qún zi 她们穿黄色的衬衫和红色的裙子。

130

1 模仿例子，看图说话并写下来

例子：

lán sè de gōnggòng qì chē
蓝色的公共汽车

①

蓝色的书

②

红色的电车

③

白色的衬衫

④

黄色的公共汽车

⑤

红色的裙子

⑥

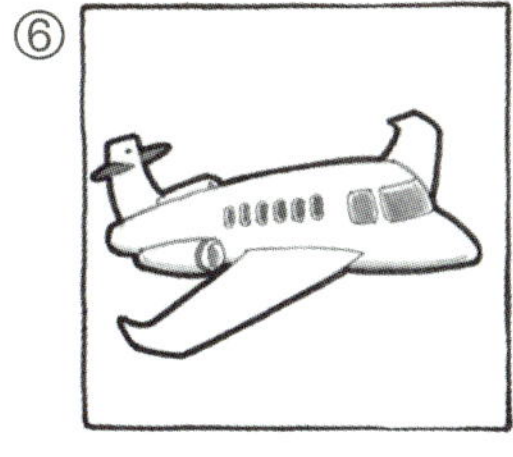

白色的飞机

⑦

蓝色的裤子

⑧

白色的船

⑨

红色的出租车

⑩

黄色的火车

教学建议

- 可以先复习交通工具。
- 将学生分成小组，老师在 PPT 上展示图片，学生用抢答的方式描述图片上是“XX 色的 XX”，答对的小组加分，答错的小组扣分。对得最多的小组获胜。

教学建议

- 可以带着问题听录音导入课文学习。
- 学生分组练习后可以进行表演。
- 学生根据实际情况，画出自己校服的样子和颜色，仿照课文展开对话练习。

课文 1 

nǐ men xué xiào de xué shēng chuān xiào fú ma
你们学校的学生穿校服吗？

chuān wǒ měi tiān dōu chuān xiào fú shàng xué nǐ ne
穿。我每天都穿校服上学。你呢？

wǒ yě chuān xiào fú shàng xué nǐ men xué xiào de nán shēng chuān shén me xiào fú
我也穿校服上学。你们学校的男生穿什么校服？

tā men chuān bái chèn shān hé lán kù zi
他们穿白衬衫和蓝裤子。

nǚ shēng ne
女生呢？

tā men chuān huáng sè de chèn shān hé hóng sè de qún zi
她们穿黄色的衬衫和红色的裙子。

nǐ xǐ huan nǐ men de xiào fú ma
你喜欢你们的校服吗？

bù xǐ huan wǒ bù xǐ huan xiào fú de yán sè
不喜欢。我不喜欢校服的颜色。

2 模仿例子，编对话

例子：

niú niu zhǎng shén me yàng
A: 牛牛长什么样？

tā zhǎng de gāo gāo de shòu shòu de tā de liǎn
B: 他长得高高的、瘦瘦的。他的脸
yuán yuán de tā yǒu duǎn duǎn de tóu fa
圆圆的。他有短短的头发。

niú niu chuān shén me yī fu
A: 牛牛穿什么衣服？

tā chuān bái sè de chèn shān hé zōng sè de kù zi
B: 他穿白色的衬衫和棕色的裤子。

nǐ xǐ huan tā de yī fu ma
A: 你喜欢他的衣服吗？

bù xǐ huan wǒ bù xǐ huan tā kù zi de yán sè
B: 不喜欢。我不喜欢他裤子的颜色。

你可以用

tā zhǎng de bù gāo yě bù ǎi
a) 他长得不高也不矮。

tā yǒu dà dà de yǎn jing gāo gāo de bí
b) 他有大大的眼睛、高高的鼻
zi hé xiǎo xiǎo de zuǐ ba
子和小小的嘴巴。

tā yǒu duǎn duǎn de tóu fa
c) 他有短短的头发。

tā yǒu cháng cháng de tóu fa
d) 她有长长的头发。

tā de liǎn yuán yuán de
e) 她的脸圆圆的。

tā chuān bái sè de chèn shān hé huáng sè de
f) 她穿白色的衬衫和黄色的
qún zi
裙子。

wǒ bù xǐ huan tā chèn shān de yán sè
g) 我不喜欢他衬衫的颜色。

教学建议

- 可以改成续写句子的练习。学生分组后根据人物形象来描述他们的样子，句子中要涉及人物长相、穿着、颜色等内容。
- 鼓励程度低一些的小组用“你可以用”中的句子来编对话。

一起读！ 90

nán shēng nán shēng chuān xiào fú chuān xiào fú
男生，男生穿校服，穿校服，
nán shēng chuān bái chèn shān hé lán kù zi
男生穿白衬衫和蓝裤子。
nǚ shēng nǚ shēng chuān xiào fú chuān xiào fú
女生，女生穿校服，穿校服，
nǚ shēng chuān huáng chèn shān hé hóng qún zi
女生穿黄衬衫和红裙子。

生词教学

- 复习生词1的颜色词和服装词，补充新词。
- 可以利用所学的颜色词和服装词随机组合，让学生描述，说出完整句子。
- 可以利用录音、PPT和生词卡片练习生词。

生词 2 

❶ hēi 黑 black　hēi sè 黑色 black
❷ lǜ 绿（綠）green　lǜ sè 绿色 green
❸ chéng 橙 orange　chéng sè 橙色 orange
❹ zōng 棕 brown　zōng sè 棕色 brown
❺ fěn 粉 pink　fěn sè 粉色 pink
❻ zǐ 紫 purple　zǐ sè 紫色 purple
❼ yī 衣 clothes　yī fu 衣服 clothes
❽ máo 毛 wool　máo yī 毛衣 sweater
❾ cháng kù 长裤 trousers
❿ duǎn kù 短裤 shorts
⓫ T xù shān T恤衫 T-shirt
⓬ niú 牛 cow
⓭ zǎi 仔 a young man　niú zǎi 牛仔 cowboy　niú zǎi kù 牛仔裤 jeans

wǒ xǐ huan chuān niú zǎi kù hé T xù shān
我喜欢穿牛仔裤和T恤衫。

⓮ lián 连（連）link　lián yī qún 连衣裙 dress

tā de lián yī qún yǒu cháng de, yě yǒu duǎn de
她的连衣裙有长的，也有短的。

> Grammar: "长的" means "长的连衣裙". In this case, "的" must be used.

⓯ děng 等 etc.　děng děng 等等 etc.

wǒ bà ba yǒu hěn duō chèn shān, yǒu hēi sè de、lǜ sè de、chéng sè de děng děng
我爸爸有很多衬衫，有黑色的、绿色的、橙色的等等。

> Grammar: a) Pattern: 有 + $Object_1$ + $Object_2$ + $Object_3$ + ...
> b) This pattern is used to list examples.

134

3 模仿例子，看图说话 见参考答案

例子：

mǎ yī shēng shì jiā tíng yī shēng tā zhǎng de
马医生是家庭医生。他长得
gāo gāo de shòu shòu de tā jīn tiān chuān bái sè
高高的、瘦瘦的。他今天穿白色
de chèn shān hé hēi sè de cháng kù tā měi tiān dōu
的衬衫和黑色的长裤。他每天都
kāi chē shàng bān tā kāi hóng sè de qì chē
开车上班。他开红色的汽车。

教学建议

- 老师展示图片，学生仿照例子描述图片。

①

②

③

④

第 3 题 参考答案

1. 李阿姨是经理。她长得不高也不矮。她有长头发。她今天穿粉色的连衣裙。她每天坐出租车上班。
2. 田老师是汉语老师。她长得矮矮的，胖胖的。她今天穿橙色的毛衣和紫色的裙子。她每天坐船上班。
3. 王叔叔是商人。他长得不胖不瘦。他今天穿蓝色的外套和黑色的裤子。他每天走路上班。
4. 常汉生是小学生。他长得胖胖的。他的脸圆圆的。他今天穿黄色的 T 恤衫和黑色的裤子。他每天坐地铁上学。

- 可以根据课文内容提问，检验学生理解情况。
- 可以提问学生的实际情况，学生回答后，将回答部分串联起来描述自己家人的情况。

课文 2 

我们家每个人都有很多衣服。

我爸爸有很多衬衫，有黑色的、绿色的、橙色的等等。他每天都穿衬衫和长裤上班。

我妈妈有很多毛衣，有棕色的、粉色的、紫色的等等。她还有很多连衣裙。她的连衣裙有长的，也有短的。她喜欢穿连衣裙上班。

我有很多裤子，有长裤、短裤和牛仔裤。我还有很多T恤衫。我喜欢穿牛仔裤和T恤衫。

4 模仿例子，看图说话

例子：

tā yǒu hěn duō qún zi　yǒu zǐ sè de　fěn sè de　chéng sè de děng děng
她有很多裙子，有紫色的、粉色的、橙色的等等。

tā yǒu hěn duō qún zi　yǒu
她有很多裙子，有……

① 

lù shang yǒu hěn duō chē　yǒu
路上有很多车，有……

② 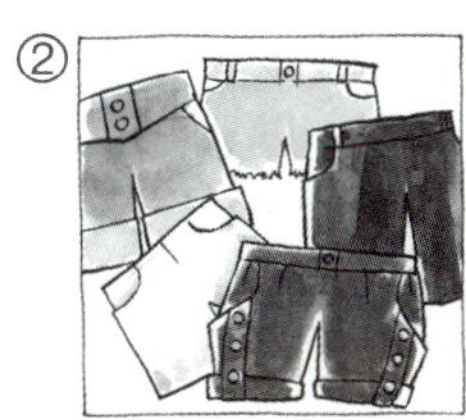

tā yǒu hěn duō duǎn kù　yǒu
她有很多短裤，有……

③ 

tā yǒu hěn duō chènshān　yǒu
他有很多衬衫，有……

教学建议

- 可以先带领学生看图复习“颜色＋的＋名词”，然后再仿照例子造句子。

5 听录音，选择正确答案 93

① 她们学校的女生穿 ____。
a) 白衬衫和棕色的短裤
b) 白衬衫和棕色的裙子
c) 黄衬衫和棕色的裙子

② 她不喜欢 ____ 的颜色。
a) 衬衫
b) 裙子
c) 短裤

③ 她周末穿 ____。
a) T 恤衫和短裙
b) 衬衫和牛仔裤
c) T 恤衫和短裤

④ 星期天是 ____ 的生日。
a) 小红
b) 小天
c) 王月

⑤ 小英会穿 ____ 去生日会。
a) 紫色的连衣裙
b) 黄色的衬衫
c) 粉色的 T 恤衫

⑥ 她们 ____。
a) 三点五十去
b) 四点到
c) 三点五十到

教学建议

- 注意提示学生每段对话有三道题。
- 听 2-3 遍录音，学生完成练习后，对答案。
- 再听一遍，引导学生听一句复述一句。
- 可以参考录音文本，进行对话表演。

教学建议

- 复习偏旁部首。
- 听写偏旁部首，看谁写对的最多。
- 可以让一个汉字程度好的学生到前面来写，其他学生在座位上写，不会的可以抬头看前面的示范。示范的同学如果写错老师要及时纠正。

6 活动

这样做

- 两人一组。
- 在规定的时间里记住下面的偏旁部首。
- 老师给学生听写。
- 写对最多的组胜出。

偏旁部首：

禾	目	矢	囗	彳	疒
艹	冂	巾	𧾷	𠂉	广
扌	⺮	走	方	攵	士

一起读！ 94

nǐ xǐ huan shén me yán sè shén me yán sè
你喜欢什么颜色？什么颜色？

hóng sè huáng sè lán sè bái sè
红色、黄色、蓝色、白色。

nǐ xǐ huan shén me yán sè shén me yán sè
你喜欢什么颜色？什么颜色？

lǜ sè zǐ sè chéng sè hēi sè
绿色、紫色、橙色、黑色。

教学建议

- 复习学过的偏旁部首。
- 展示新部首时，讲解意义并给出例字。

第7题 补充练习

说出以下汉字的偏旁部首：盆、贷、军、戎、盖、唯、醒、甄

7 学偏旁部首

① 

weapon

② 盒
utensil

③ 

fermentation

④ 

bag

⑤ 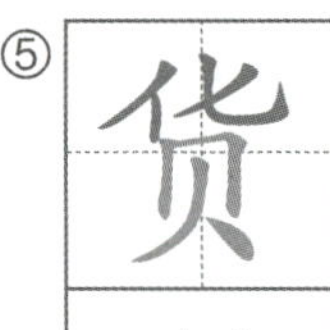

shell

⑥ 

roof without chimney

⑦ 

short-tailed bird

⑧ 

tile

8 口头报告

Introduce yourself. You should describe the clothes:

- you wear to school
- you wear on weekends
- you like to wear

例子：

cóng xīng qī yī dào xīng qī wǔ
从星期一到星期五，
wǒ chuān xiào fú shàng xué wǒ men xué xiào
我穿校服上学。我们学校
de nán shēng chuān bái sè de chèn shān hé lán
的男生穿白色的衬衫和蓝
sè de cháng kù nǚ shēng chuān bái sè de
色的长裤。女生穿白色的
chèn shān hé lán sè de duǎn qún wǒ xǐ
衬衫和蓝色的短裙。我喜
huan wǒ men xué xiào de xiào fú
欢我们学校的校服。

xīng qī liù xīng qī tiān wǒ
星期六、星期天我
yì bān chuān xù shān hé niú zǎi kù
一般穿T恤衫和牛仔裤。
wǒ yǒu hěn duō xù shān yǒu bái sè
我有很多T恤衫，有白色
de lán sè de fěn sè de zǐ
的、蓝色的、粉色的、紫
sè de děng děng
色的等等。

wǒ hái xǐ huan chuān qún zi wǒ
我还喜欢穿裙子。我
yǒu hěn duō qún zi yǒu cháng qún duǎn
有很多裙子，有长裙、短
qún hé lián yī qún
裙和连衣裙。

你可以用

wǒ men xué xiào de xué shēng bù chuān xiào fú
a) 我们学校的学生不穿校服。

wǒ bù xǐ huan wǒ men xué xiào de xiào fú
b) 我不喜欢我们学校的校服。

wǒ bù xǐ huan xiào fú de yán sè
c) 我不喜欢校服的颜色。

wǒ chuān xù shān hé niú zǎi kù shàng xué
d) 我穿T恤衫和牛仔裤上学。

wǒ xǐ huan chuān kù zi bù xǐ huan chuān qún zi
e) 我喜欢穿裤子，不喜欢穿裙子。

wǒ yǒu hěn duō kù zi yǒu cháng kù duǎn kù hé niú zǎi kù
f) 我有很多裤子，有长裤、短裤和牛仔裤。

wǒ yǒu hěn duō chèn shān yǒu chéng sè de bái sè de lán sè de hēi sè de děng děng
g) 我有很多衬衫，有橙色的、白色的、蓝色的、黑色的等等。

教学建议

- 可以根据例子内容提问（如“她喜欢他们的校服吗？”“她有很多裙子吗？”），帮助学生理解内容。
- 可以给出提纲（_____星期一_____星期五，我穿_____上学。男生穿_____，女生穿_____。我_____我们的校服。星期六、星期天我一般穿_____。我还喜欢穿_____。），学生填入关键词后形成段落表达。
- 可以让学生根据提纲去采访其他同学，形成书面作业提交。

第十五课 我的课外活动

教学目标

1. 掌握“一边……一边……”。
2. 继续学习汉字偏旁部首。
3. 询问和介绍课外活动和爱好。

教学重点

1. 生词重点：跳舞、游泳、爱好、有时候
2. 短语重点：课外活动、画画儿、打球
3. 语言点重点：一边……一边……
4. 交际重点：描述课外活动和爱好，表达自己的喜好。

教学提示

一边……一边……

表示两个动作同时进行。

结构： 一边 + 动作 $_1$+ 一边 + 动作 $_2$

示例： 他一边做作业一边听音乐。

他一边唱歌一边跳舞。

教学流程

1. 可以先通过讨论大家放学后喜欢做什么导入本课话题。
2. 结合话题导入和练习 1 学习生词 1 和课文 1，并通过练习 2 来巩固。
3. 语言点“一边……一边……”可以在讲解课文 2 时学习，并通过练习 3 来练习。
4. 练习 5 和练习 7 可以单独学习，然后完成其他练习。

生词教学

- 与课外活动有关的新词可以用抢答、快速匹配、做动作猜词等多种方式来练习。
- 注意"画画儿"中"画儿"的读音。
- 注意"不太喜欢"和"不喜欢"的区别。
- 可以利用录音、PPT 和生词卡片练习生词。

第十五课　我的课外活动

生词 1 

1. 外 (wài) outside　课外 (kè wài) outside class
2. 活 (huó) active; lively
3. 动（動）(dòng) move　活动 (huó dòng) activity
   课外活动 (kè wài huó dòng) extra-curricular activity　你今年做什么课外活动？(nǐ jīn nián zuò shén me kè wài huó dòng)
4. 画（畫）(huà) draw; paint　画（儿）(huàr) drawing; painting
   画画儿 (huà huàr) draw a picture; paint a painting
5. 跳 (tiào) jump
6. 舞 (wǔ) dance　跳舞 (tiào wǔ) dance
7. 游 (yóu) swim
8. 泳 (yǒng) swim　游泳 (yóu yǒng) swim　我画画儿、跳舞，还游泳。(wǒ huà huàr、tiào wǔ, hái yóu yǒng)
9. 打 (dǎ) play
10. 球 (qiú) ball
11. 网 (wǎng) net　网球 (wǎng qiú) tennis　打网球 (dǎ wǎng qiú) play tennis
12. 冰 (bīng) ice　冰球 (bīng qiú) ice hockey　打冰球 (dǎ bīng qiú) play ice hockey
13. 滑 (huá) slide　滑冰 (huá bīng) ice-skating　我打网球、打冰球，还滑冰。(wǒ dǎ wǎng qiú、dǎ bīng qiú, hái huá bīng)
14. 太 (tài) quite; too　我不太喜欢滑冰。(wǒ bú tài xǐ huan huá bīng)
15. 周（週）(zhōu) week
16. 末 (mò) end　周末 (zhōu mò) weekend　你周末有活动吗？(nǐ zhōu mò yǒu huó dòng ma)

140

1 模仿例子，看图说话

小冰

小冰的课外活动

星期二	星期四	星期六
画画儿	游泳	打冰球
4:00 – 5:00 p.m.	4:30 – 5:30 p.m.	10:00 – 11:00 a.m.

例子：

xiǎo bīng měi ge xīng qī zuò sān ge kè wài huó dòng xīng qī èr xià
小冰每个星期做三个课外活动。星期二下
wǔ sì diǎn dào wǔ diǎn tā huà huàr xīng qī sì xià wǔ sì diǎn bàn
午四点到五点，她画画儿。星期四下午四点半
dào wǔ diǎn bàn tā yóu yǒng zhōu mò tā yě yǒu huó dòng xīng qī liù
到五点半，她游泳。周末她也有活动。星期六
shàng wǔ shí diǎn dào shí yī diǎn tā dǎ bīng qiú
上午十点到十一点，她打冰球。

① 开开的课外活动

星期一	星期三	星期日
滑冰	打网球	画画儿
3:30 – 4:00 p.m.	5:00 – 6:00 p.m.	10:30 – 11:30 a.m.

开开

王星

② 王星的课外活动

星期二	星期六	星期日
跳舞	游泳	打网球
4:00 – 5:00 p.m.	9:00 – 10:00 a.m.	3:30 – 4:30 p.m.

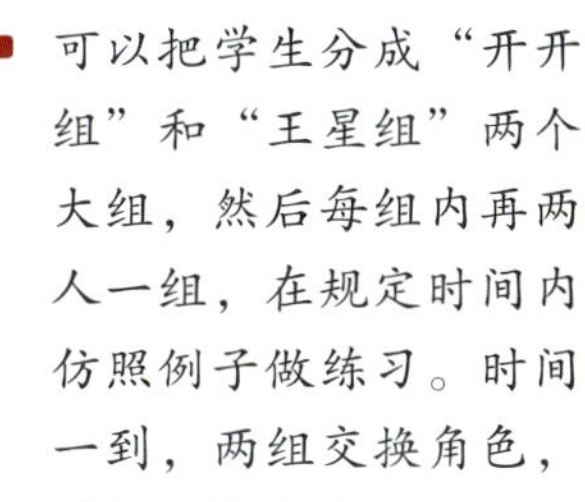
教学建议

- 可以把学生分成“开开组”和“王星组”两个大组，然后每组内再两人一组，在规定时间内仿照例子做练习。时间一到，两组交换角色，再做一轮练习。

教学建议

- 听录音跟读后，可以让学生两两一组做对话练习。
- 老师可以通过提问检测学生对课文内容的熟悉情况。
- 注意复习“还”的用法。

课文 1 

nǐ jīn nián zuò shén me kè wài huó dòng
你今年做什么课外活动？

wǒ huà huàr tiào wǔ hái yóu yǒng
我画画儿、跳舞，还游泳。

nǐ zhōu mò yǒu huó dòng ma
你周末有活动吗？

méi yǒu huó dòng nǐ jīn nián zuò shén me kè wài huó dòng
没有活动。你今年做什么课外活动？

wǒ dǎ wǎng qiú dǎ bīng qiú hái huá bīng
我打网球、打冰球，还滑冰。

nǐ qù nǎr dǎ wǎng qiú
你去哪儿打网球？

wǒ qù xué xiào dǎ wǎng qiú
我去学校打网球。

nǐ xǐ huan huá bīng ma
你喜欢滑冰吗？

wǒ hěn xǐ huan huá bīng nǐ ne
我很喜欢滑冰。你呢？

wǒ bú tài xǐ huan huá bīng
我不太喜欢滑冰。

142

2 模仿例子，编对话

例子：

nǐ jīn nián zuò shén me kè wài huó dòng
A: 你今年做什么课外活动？

wǒ jīn nián zuò hěn duō kè wài huó dòng yǒu yóu
B: 我今年做很多课外活动，有游
yǒng huá bīng tiào wǔ dǎ wǎng qiú huà
泳、滑冰、跳舞、打网球、画
huàr hé dǎ bīng qiú
画儿和打冰球。

nǐ nǎ tiān yóu yǒng
A: 你哪天游泳？

xīng qī yī hé xīng qī sì
B: 星期一和星期四。

nǐ shén me shí hou yóu yǒng
A: 你什么时候游泳？

cóng zǎo shang qī diǎn dào qī diǎn sān kè
B: 从早上七点到七点三刻。

nǐ xīng qī èr yǒu shén me huó dòng
A: 你星期二有什么活动？

wǒ xīng qī èr xià wǔ huá bīng
B: 我星期二下午滑冰。

nǐ xǐ huan huá bīng ma
A: 你喜欢滑冰吗？

wǒ hěn xǐ huan huá bīng
B: 我很喜欢滑冰。

……

nǐ zhōu mò yě yǒu huó dòng ma
A: 你周末也有活动吗？

duì wǒ zhōu mò yě yǒu huó dòng wǒ xīng qī liù cóng
B: 对，我周末也有活动。我星期六从
shàng wǔ shí diǎn dào shí yī diǎn huà huàr
上午十点到十一点画画儿。……

课外活动	
星期一	7:00 – 7:45 a.m. 游泳
星期二	4:00 – 5:00 p.m. 滑冰
星期三	4:30 – 5:30 p.m. 跳舞
星期四	7:00 – 7:45 a.m. 游泳
星期五	3:30 – 4:30 p.m. 打网球
星期六	10:00 – 11:00 a.m. 画画儿
星期日	3:00 – 4:00 p.m. 打冰球

一起读！ 97

kè wài huó dòng kè wài huó dòng
课外活动，课外活动，
yóu yǒng huá bīng dǎ bīng qiú
游泳、滑冰、打冰球。
kè wài huó dòng kè wài huó dòng
课外活动，课外活动，
tiào wǔ huà huàr dǎ wǎng qiú
跳舞、画画儿、打网球。

教学建议

- 可以让学生两人一组仿照例子做对话练习。
- 可让学生制作真实的课外活动表，两人一组互问互答或形成段落表达。

生词教学

- 复习生词 1 中的课外活动，再引入生词 2 中的课外活动。
- 可学习完所有活动词后再学习“爱好”。
- 复习“经常”“一般”等频度副词，注意这些词和“有时候”的差异。
- 可以利用录音、PPT 和生词卡片练习生词。

生词 2 

① wén 文 (written) language　zhōngwén 中文 Chinese (written) language　yīngwén 英文 English (written) language

② hǎo 好 used before an adjective or a numeral indicator to suggest a large number or a long time

zài xuéxiào, wǒ yǒu hǎo duō péngyou
在学校，我有好多朋友。

③ ài 爱（愛） like; love　④ hào 好 be fond of　àihào 爱好 hobby　wǒ yǒu hěn duō àihào 我有很多爱好。

⑤ tán 弹（彈） play (certain musical instruments)

⑥ gāng 钢（鋼） steel　⑦ qín 琴 a general name for certain musical instruments　gāngqín 钢琴 piano

tán gāngqín 弹钢琴 play the piano　gāngqín kè 钢琴课 piano lesson　wǒ xīngqīliù shàngwǔ yǒu gāngqín kè 我星期六上午有钢琴课。

⑧ tīng 听（聽） listen　⑨ yīn 音 sound　⑩ yuè 乐 music　yīnyuè 音乐 music

⑪ yùn 运（運） movement　yùndòng 运动 sports　wǒ hái xǐhuan yùndòng 我还喜欢运动。

⑫ pǎo 跑 run　⑬ bù 步 step　pǎobù 跑步 run; jog

⑭ tī 踢 kick　⑮ zú 足 foot　zúqiú 足球 football　tī zúqiú 踢足球 play football

⑯ yìbiān 一边（邊）……yìbiān 一边…… showing two actions taking place at the same time

wǒ xǐhuan yìbiān pǎobù yìbiān tīng yīnyuè
我喜欢一边跑步一边听音乐。

⑰ yǒushíhou 有时候 sometimes　xīngqītiān wǒmen yì jiā rén yǒushíhou qù fàndiàn chīfàn 星期天我们一家人有时候去饭店吃饭。

144

3 选句型，模仿例子，看图说话

例子：

tā xǐ huan yì biān pǎo bù yì biān tīng yīn yuè
他喜欢一边跑步一边听音乐。

你可以用

a) wǒ xǐ huan yì biān zuò zuò yè yì biān kàn diàn shì
我喜欢一边做作业一边看电视。

b) xīng qī rì wǒ yǒu shí hou zài jiā kàn shū
星期日我有时候在家看书。

c) tā xǐ huan yóu yǒng hé huá bīng
她喜欢游泳和滑冰。

d) tā cóng liù suì kāi shǐ tī zú qiú
他从六岁开始踢足球。

教学建议

- 老师展示图片，提问问题，学生来回答。也可以老师展示图片，学生仿照例子，结合“你可以用”的句子描述图片。
- 将学生分成小组，小组成员每人一个编号，与图片练习编号一致。学生需要在规定时间内完成句子，然后老师随机叫编号。有相同编号的学生展示自己的句子。

① 

他很喜欢打冰球。

②

她从五岁开始跳舞。

一起读！ 99

ài hào ài hào shén me ài hào
爱好、爱好，什么爱好？
pǎo bù tán qín tīng yīn yuè
跑步、弹琴、听音乐。
ài hào ài hào shén me ài hào
爱好、爱好，什么爱好？
dǎ qiú tī qiú kàn diàn shì
打球、踢球、看电视。

③ 

她喜欢一边做作业一边听音乐。

④ 

周末他的一家人喜欢去饭店吃饭。

⑤ 

她喜欢一边看电视一边吃饭。

教学建议

- 课文重点培养学生的书面语交际能力。
- 可以在讲解完课文后，让学生填写去掉了重点词语和核心语言点的课文，做完型填空。可以提供不同难度的完型填空让学生根据自己的水平自行选择。
- 可补充一下中国孩子最喜欢的活动，如打乒乓球、打篮球、踢足球等。

课文 2

wǒ jiào zhōu yī bīng wǒ jīn nián shí yī suì zài yì suǒ měi guó xué
我叫周一冰。我今年十一岁，在一所美国学
xiào shàng xué wǒ zài xué xiào xué zhōng wén hé yīng wén wǒ hěn xǐ huan wǒ de
校上学。我在学校学中文和英文。我很喜欢我的
xué xiào zài xué xiào wǒ yǒu hǎo duō péng you
学校。在学校，我有好多朋友。

wǒ yǒu hěn duō ài hào wǒ xǐ huan tán gāng qín hé tīng yīn yuè wǒ
我有很多爱好。我喜欢弹钢琴和听音乐。我
hái xǐ huan yùn dòng wǒ cóng wǔ suì kāi shǐ tī zú qiú wǒ hái xǐ huan pǎo
还喜欢运动。我从五岁开始踢足球。我还喜欢跑
bù wǒ jīng cháng yì biān pǎo bù yì biān tīng yīn yuè
步。我经常一边跑步一边听音乐。

wǒ zhōu mò hěn máng wǒ xīng qī liù shàng wǔ yǒu gāng qín kè xià wǔ
我周末很忙。我星期六上午有钢琴课，下午
zài jiā zuò zuò yè xīng qī tiān wǒ men yì jiā rén yǒu shí hou qù fàn diàn chī
在家做作业。星期天我们一家人有时候去饭店吃
fàn yǒu shí hou zài jiā kàn diàn shì
饭，有时候在家看电视。

4 听录音，选择正确答案 101

① 大年 ____。 (a) 八岁开始打网球 b) 六岁开始游泳 c) 七岁开始打网球	② 大年每星期都 ____。 (a) 有小提琴课 b) 上滑冰课 c) 上冰球课	③ 大年 ____。 a) 星期三上网球课 (b) 星期六打网球 c) 星期六游泳
④ 家英 ____。 (a) 有一个网球老师 b) 喜欢画画儿 c) 喜欢打冰球	⑤ 家英 ____。 (a) 不太喜欢弹钢琴 b) 现在还弹钢琴 c) 不喜欢运动	⑥ 家英 ____。 a) 星期三没有活动 b) 星期四不做作业 (c) 星期五没有活动

教学建议

- 注意提示学生每段对话有三道题。
- 听 2-3 遍录音，学生完成练习后，对答案。
- 再听一遍，引导学生听一句复述一句。
- 可参照录音文本表演对话。

5 活动

这样做

- 两人一组。
- 在规定的时间里记住下面的偏旁部首。
- 老师给学生听写。
- 写对最多的组胜出。

偏旁部首：

又	文	亠	页	穴	礻	米	石	冫	爫	弓	力
厂	⺈	虫	门	彡	尸	户	犭	车	牜	火	马

教学建议

- 复习偏旁部首。
- 听写偏旁部首，看谁写对的最多。
- 可以让一个汉字程度好的学生到前面来写，其他学生在座位上写，不会的可以抬头看前面的示范。示范的同学如果写错老师要及时纠正。

6 用所给问题编对话

1) nǐ jiào shén me míng zi　nǐ jīn nián duō dà le　shàng jǐ nián jí
你叫什么名字？你今年多大了？上几年级？

2) cóng xīng qī yī dào xīng qī wǔ　nǐ zǎo shang jǐ diǎn qǐ chuáng　jǐ diǎn qù shàng xué　nǐ zěn me shàng xué
从星期一到星期五，你早上几点起床？几点去上学？你怎么上学？

3) nǐ men xià wǔ jǐ diǎn fàng xué　nǐ zěn me huí jiā
你们下午几点放学？你怎么回家？

4) nǐ xià wǔ yì bān jǐ diǎn dào jiā　dào jiā yǐ hòu　nǐ yì bān zuò shén me
你下午一般几点到家？到家以后，你一般做什么？

5) nǐ men jiā yì bān jǐ diǎn chī wǎn fàn　wǎn fàn yǐ hòu　nǐ yì bān zuò shén me
你们家一般几点吃晚饭？晚饭以后，你一般做什么？

6) nǐ men xué xiào de xué shēng chuān xiào fú ma　nán shēng chuān shén me xiào fú　nǚ shēng chuān shén me xiào fú
你们学校的学生穿校服吗？男生穿什么校服，女生穿什么校服？

7) nǐ zài xué xiào yǒu jǐ ge hǎo péng you　tā men shì nǎ guó rén　nǐ gēn tā men shuō shén me yǔ yán
你在学校有几个好朋友？他们是哪国人？你跟他们说什么语言？

8) nǐ yǒu shén me ài hào
你有什么爱好？

9) nǐ jīn nián zuò shén me kè wài huó dòng　nǐ xīng qī yī yǒu shén me kè wài huó dòng
你今年做什么课外活动？你星期一有什么课外活动？

10) nǐ zhōu mò máng ma　nǐ zhōu mò yì bān zuò shén me
你周末忙吗？你周末一般做什么？

7 学偏旁部首

① 

1/30 metre

② 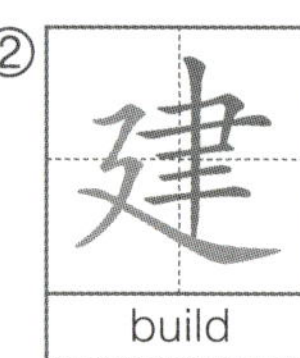

build

③ 

jar

④ 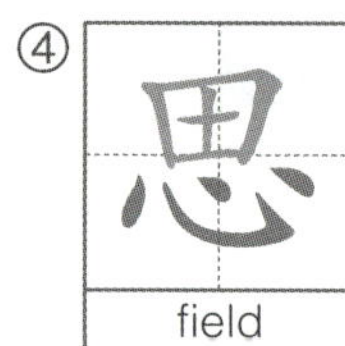

field

⑤ 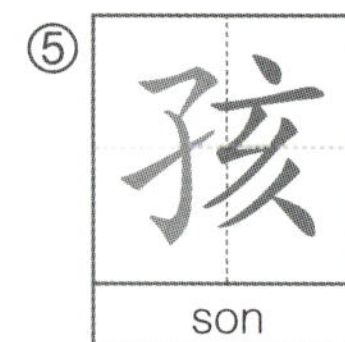

son

⑥ 

work

⑦ 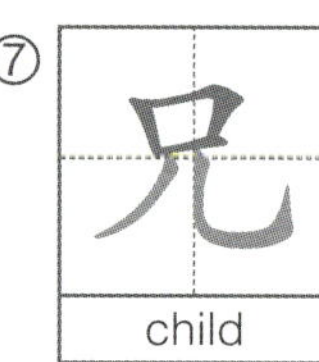

child

⑧ 

fish

教学建议

- 老师可先问学生问题，让学生回答。
- 将学生分组，互相问答。学生练习时候，不必练习所有问题，老师可指定一定数量，让学生自由选择。
- 学生练习后可进行表演。

教学建议

- 复习学过的偏旁部首。
- 展示新部首时，讲解意义并给出例字。

第7题　补充练习

说出以下汉字的偏旁部首：廷、男、巧、鲍、孔、对、缺、光

8 口头报告

Introduce one of your friends/classmates. You should include:

- his/her name, age, grade and nationality
- his/her appearance
- his/her hobbies
- his/her extra-curricular activities

例子：

我在学校有好多朋友。我今天介绍（introduce）小琴。她是我的同学，也是我的好朋友。

小琴今年十岁，上六年级。她是中国人。她长得矮矮的、胖胖的。她有小眼睛、高鼻子和小嘴巴。

小琴有三个爱好：弹钢琴、游泳和听音乐。她从六岁开始弹钢琴。她喜欢一边走路一边听音乐。

小琴今年做很多课外活动。星期二和星期四下午从四点到五点，她游泳。星期三放学以后，她打网球。星期五下午三点半到四点半，她打冰球。她周末也很忙。她星期六上午画画儿，星期天下午跳舞。

教学建议

- 老师可以在PPT上给出口头报告的要点，如朋友的名字、年龄、年纪、样子、爱好、课外活动、每天做什么等，学生根据关键词准备口头报告。
- 可以留作课后任务，以口头录音或者书面写作形式提交给老师。